MONUMENT

ÉLEVÉ A LA GLOIRE

DE PIERRE-LE-GRAND,

O U

RELATION DES TRAVAUX

ET DES MOYENS MECHANIQUES

Qui ont été employés pour transporter à Pétersbourg un Rocher de trois millions pesant, destiné à servir de base à la Statue équestre de cet Empereur;

A V E C

UN EXAMEN PHYSIQUE ET CHYMIQUE DU MÊME ROCHER.

Par le Comte MARIN CARBURI DE CEFFALONIE, ci-devant Lieutenant-Colonel au service de SA MAJESTÉ L'IMPÉRATRICE DE TOUTES LES RUSSIES, Lieutenant de Police & Censeur ayant la direction du Corps noble des Cadets de Terre de Saint-Pétersbourg.

A PARIS,

Chez { NYON aîné, Libraire, rue Saint-Jean-de-Beauvais.
STOUPE, Imprimeur-Libraire, rue de la Harpe, vis-à-vis la rue S. Severin.

M. DCC. LXXVII.

AVEC APPROBATION ET PERMISSION.

AVERTISSEMENT.

L'Auteur de cet Ouvrage n'ayant été connu en Ruffie que fous le nom du Chevalier de Lafcary, fe trouve obligé de rendre compte au Public des raifons qui l'ont obligé pendant quelque tems à en prendre un autre que celui qu'on lit dans le titre de fon Livre, & qui eft celui de fa famille. Quoique le moment foit arrivé de dévoiler un fecret, qui n'en fut jamais un pour l'augufte Souveraine qu'il eut l'honneur de fervir, pour fes fupérieurs & pour fes amis, ce n'eft cependant pas fans regret que, prêt à entretenir fes Lecteurs d'une des plus grandes & des plus nobles entreprifes dont notre fiecle puiffe s'honorer, il fixe un moment leur attention fur lui-même. Mais s'il eft permis de parler de foi, c'eft, fans doute, lorfqu'il s'agit d'avouer fes fautes, & d'en témoigner le repentir le plus fincere.

Une paffion, toujours impétueufe dans la jeuneffe, mais cent fois plus tyrannique encore dans les climats méridionaux, lui fit commettre une action de violence, que fon âge pouvoit rendre excufable, mais que fon cœur devoit détefter, & que la loi ne pouvoit fe difpenfer de pourfuivre. Un exil néceffaire, la plus cruelle peine, fans doute, pour celui qui eut le bonheur de naître Sujet d'une République fage & éclairée, fut la punition rigoureufe qu'il s'impofa à lui-même.

En quittant fa Patrie, il voulut auffi quitter un nom qui devoit l'y attacher à jamais; mais en même temps il penfa qu'il étoit plus convenable d'en prendre un qui ne lui fût pas tout-à-fait étranger. Sa famille fortie du Péloponnèfe, & précédemment de Candie, a l'honneur d'être alliée aux plus anciennes & aux plus confidérables familles que les révolutions de l'Empire d'Orient forcerent de chercher un afyle à Ceffalonie, & entre autres à celle de Lafcary. Il crut pouvoir en emprunter le nom, bien réfolu de le foutenir dignement, & de mériter par-là de reprendre

4

un jour celui que fes peres lui ont tranfmis avec les meilleurs exemples. Cet heureux tems eft arrivé. Le Prince, qui redevient fon Souverain, a bien voulu rendre à la maturité de fon âge tout ce que la jeuneffe lui avoit fait perdre. Rappellé au fein de fa Patrie, il lui confacre le refte de fes jours ; & c'eft dans la tranquillité parfaite qu'affure à jamais l'antique fageffe de la premiere République du monde, qu'il fe rappellera les grands & rapides moyens dont le pouvoir abfolu s'eft fervi pour créer une nation & fonder un Empire.

C'eft dans cette Ceffalonie, autrefois guerriere & malheureufe, & maintenant paifible & fortunée, que, jouiffant du plus beau climat & de la plus douce retraite, il aura un fréquent fujet de méditation ; en fe rappellant que tandis que les lagunes de Venife donnent des loix à une partie de la Grèce, une Princeffe, née fur les bords de l'Elbe, fait fleurir, chez les Hyperboréens, & les Loix de Rome, & les Arts d'Athènes.

MONUMENT

MONUMENT
ÉLEVÉ A LA GLOIRE
DE PIERRE-LE-GRAND.

DESCRIPTION HISTORIQUE
DU TRANSPORT DU ROCHER
QUI DOIT SERVIR DE BASE A LA STATUE ÉQUESTRE
DE PIERRE-LE-GRAND.

INTRODUCTION.

A Ruffie avoit changé de face fous l'Empire de Pierre-le-Grand. Victorieufe de fes ennemis & de fes propres défauts, elle devoit à ce fage Légiflateur le luftre le plus éclatant. L'Europe, étonnée des prodiges qui avoient fuivi toutes les démarches de ce Héros, célébroit fa mémoire par les plus grands éloges. Son nom voloit à l'immortalité, & la ftabilité de fon ouvrage illuftroit chaque jour la mémoire de cet homme furprenant, dont la vie avoit eu trop peu de durée.

Pénétrés de la plus vive reconnoiffance, fes Peuples afpiroient au moment de voir fur le trône de la Ruffie un Souverain digne d'élever à Pierre Premier un Monument qui répondit à fa gloire. C'eft le privilege

B

des grands génies : il appartient à eux feuls d'ériger des Monumens à leurs femblables : feuls ils peuvent juger fainement de l'étendue des projets, de la grandeur de leurs actions, & en affigner la récompenfe.

L'honneur d'élever à Pierre Premier un Monument digne de lui fembloit donc réfervé à Catherine II, choifie par la Providence pour mettre la dernière main aux créations de ce Héros. Qui mieux que cette illuftre Souveraine peut ériger les Monumens que fa modeftie refufe ! Contente de ceux que la reconnoiffance lui éleve dans le cœur de fes Sujets, elle refufe tout autre hommage, quand la renommée remplit l'univers de fa gloire. Ses armées triomphent par-tout, fes flottes exécutent les plus grandes entreprifes, les plus utiles établiffemens font formés en même temps dans toutes les parties de fon Empire, & fes Peuples béniffent fon nom. Peu avide des éloges que la vérité publie avec moins d'empreffement que la flatterie, elle ne s'occupe qu'à rendre fes Sujets heureux, & à illuftrer l'Empire immenfe qui reçoit fes loix.

Guidée dans fes actions par des vues fi nobles & fi élevées, fes penfées ne tarderent pas à fe tourner vers le tribut de gratitude & d'hommage que la Ruffie doit à fon généreux Réformateur ; & Catherine II voulut qu'on lui élevât le Monument dont nous allons parler.

ARTICLE PREMIER.

Du projet de la Statue qu'on éleve à PIERRE-LE-GRAND ; & des diverses idées qu'on a eues sur la maniere de former le Rocher qui doit lui servir de base.

LE premier pas à faire, pour répondre aux vues de l'Impératrice, & qui devoit tant influer sur le succès qu'on devoit attendre de l'entreprise, étoit le choix de l'homme de génie, de l'Artiste à qui l'exécution du Monument devoit être confiée. M. Falconet fut préféré. Il est trop connu pour que le juste éloge que je pourrois faire de ses talens ajoutât rien à la réputation qu'il s'est faite, pour le savoir & le goût qui caractérisent tous les ouvrages qui sont sortis de son ciseau, ou de sa plume.

Chargé de faire la Statue équestre de Pierre-le-Grand, il crut que tout ce qui appartiendroit à ce Monument devoit porter l'empreinte du génie. Il considéra que les piédestaux ordinaires ne disent rien ; qu'ils conviennent également à toutes sortes de sujets ; & qu'employés par-tout, ils n'excitent aucune idée nouvelle & noble dans l'ame du spectateur. Ces motifs le porterent donc à les éviter dans ce Monument. Le Héros de la Russie doit y paroître ce qu'il a réellement & principalement été : créateur, législateur de son peuple, grand, extraordinaire en tout, entreprenant, & terminant ce que d'autres imagineroient à peine. C'est ainsi que l'a vu M. Falconet : c'est cette idée qu'il a voulu rendre.

Un rocher escarpé, au sommet duquel le Législateur arrive au galop, un serpent que le cheval écrase, le mouvement du Cavalier arrêtant son cheval, & de l'autre main assurant son pays de sa bienveillance : tout cet ensemble peint, caractérise la Statue de Pierre-le-Grand, & la distingue de toutes celles qu'on a élevées, depuis un grand nombre de siecles, à d'autres Souverains.

Quelques personnes, distinguées par leur mérite & par leurs places, m'ayant paru desirer que je publiasse les moyens dont je me suis servi pour transporter le Piedestal qui doit porter la Statue du Czar Pierre ; j'ai déféré d'autant plus volontiers à leur avis, que je pense que cet Ouvrage pourroit être utile au Public : c'est lui que j'ai particuliérement en vue, en donnant le détail de mes opérations. Je me flatte qu'il verra avec quelque curiosité les ressources de méchanique que j'ai employées pour transporter la plus énorme masse qu'on ait entrepris de mouvoir ; les détails dans lesquels j'entrerai pouvant conduire à former des entreprises encore plus considérables de ce genre.

Je développe donc dans mon Ouvrage la marche que j'ai suivie, les ressources dont j'ai fait usage, les obstacles que j'ai surmontés, afin que ceux qui seroient dans le cas de tenter de semblables entreprises, puissent perfectionner les moyens que j'ai employés, ou en imaginer de nouveaux, en ajoutant leurs inventions aux miennes.

J'ai cru ne devoir pas dissimuler même, les déplaisirs, les peines physiques & morales que j'ai eues à supporter, & qu'éprouvent presque nécessairement tous ceux qui tentent, malgré l'envie, d'exécuter des choses extraordinaires; afin que ceux qui me suivront dans de semblables travaux, profitent, s'ils le peuvent, de mon expérience, pour les éviter.

Je reviens aux divers projets qu'on a proposés, pour former le Piédestal de la Statue, selon la pensée qu'en avoit conçue M. Falconet. Ce Piédestal étant un rocher très-considérable, on pouvoit le composer avec plusieurs grosses pierres : des liens de fer ou de cuivre en auroient assuré la solidité. Ainsi pensoit-on d'abord : ainsi pensoit même l'homme de génie qui avoit conçu le projet de la Statue, comme il l'exprima dans un modele particulier qu'il fit, pour montrer comment les différentes masses qui formeroient le Piédestal, seroient unies, & quelles auroient été leurs différentes dimensions.

En réfléchissant sur ce projet de M. Falconet, pour former le Piédestal de la Statue, j'y entrevis quelques difficultés; j'osai dire : Tous les ouvrages de cette nature sont sujets à beaucoup d'inconvéniens : les ligamens s'usent, se rouillent, se détruisent; divers accidens peuvent les endommager; l'air les décompose; & bientôt la masse qui présentoit un rocher, n'offre plus qu'un tas de ruines. Je proposai donc le premier de faire le rocher d'une seule masse.

Ce projet, je ne le dissimule pas, parut si peu exécutable, que dans un rapport que fit au Sénat M. de Betzky, l'année 1768, il disoit qu'il seroit impossible de transporter une masse aussi prodigieuse que celle de ce rocher; que la dépense que ce transport occasionneroit, seroit excessive; & qu'en le faisant même de six morceaux, il en coûteroit encore des sommes très-considérables.

Je ne pus me plaindre de l'opinion de M. de Betzky : ces objections étoient celles des hommes même les plus savans. Ce Ministre ne prévoyoit pas toutes les ressources que peut offrir la Méchanique, pour exécuter un tel projet; & j'avoue qu'alors je ne faisois que les entrevoir. La suite du tems & de mes opérations a montré que le transport du rocher ne coûta, toutes dépenses comprises, que 70,000 roubles (*), encore les matériaux qui resterent après l'opération valoient-ils les deux tiers de cette somme.

(*) Le rouble vaut 4 liv. 10 f. argent de France.

Après

Après de mûres délibérations, on conclut que le plus sûr moyen, pour faire un Monument durable, étoit de transporter dans l'endroit où on vouloit élever la Statue, un rocher quelconque, capable, par sa qualité de résister aux injures des siecles. On vit que la continuité de ses parties homogenes, adhérentes, sans interruption, seroit un garant de sa solidité ; que les plus grands accidens pourroient au plus déranger sa superficie, mais qu'il subsisteroit toujours entier, à moins qu'on ne le détruisît exprès.

Ces considérations auroient déterminé à s'arrêter à ce parti ; mais on ne crut pas d'abord pouvoir trouver, & encore moins transporter une telle masse. Il n'y a point de montagnes aux environs de Pétersbourg : les plus proches de cette Ville étant en Finlande. On jugea aussi qu'il seroit très-difficile de rencontrer un roc de la grandeur desirée, sans fentes, sans crevasses, ou sans autres accidens, & de la qualité requise.

On reprit donc le projet de former cette base de plusieurs morceaux en général : on pensa d'abord à la composer de douze parties, & ensuite on résolut de n'y en employer que six, mais tellement choisies, qu'elles seroient de la même qualité & de la même couleur. On n'avoit pas encore pensé ni imaginé par quels moyens on les conduiroit à leur destination.

L'inégalité du Rocher & la position de la Statue obligeant à le former de parties plus grosses les unes que les autres, & le poids de quelques-unes de ces parties devant être à-peu-près le même que celui de l'Obélisque de la place Saint-Pierre de Rome (a), on présuma qu'on trouveroit de très-grandes difficultés à les transporter.

Un été se passa à chercher en vain le nombre & l'assortiment des blocs nécessaires pour l'exécution de ce projet. Comme il s'agissoit de former en pieces rapportées un ensemble qui fît illusion, en imitant un rocher entier & continu, on ne pouvoit prendre les morceaux de roches qui se rencontroient, qu'autant qu'ils avoient une grande conformité entre eux, & c'est ce que le hasard n'offrit pas.

Ce qu'on trouva de plus convenable, en faisant ces recherches, fut une pierre située à un quart de lieue du port de Cromstad. Sa grandeur n'étoit pas la moitié de la masse que devoit avoir tout le rocher : on proposa néanmoins de s'en servir, en y joignant quelques autres pierres.

Comme il s'agissoit de faire transporter cette pierre, on le proposa à l'Amirauté, qui refusa de s'en charger. De savans Méchaniciens firent le même refus, quoique le chemin qu'on devoit faire faire à la pierre fût

_____

(a) On sait que dans le transport de l'Obélisque qu'on conduisit, sous Sixte V, de la place Navonne à celle de Saint-Pierre, on ne rencontra presque aucune difficulté du côté du sol, du climat, &c. & que cependant, pour un trajet fort court, il coûta des sommes considérables & beaucoup de temps.

C

fort court. Malgré ces difficultés on continua de chercher l'affortiment· de pierres dont on avoit befoin.

M. de Betzky, alors Lieutenant-Général, Intendant des Bâtimens & des Arts, fous les ordres duquel j'avois fervi quatre ans comme Aide-de-camp, m'avoit choifi pour diriger fous lui les ouvrages du Monument. Je prenois le plus grand intérêt à voir réuffir cette entreprife glorieufe, par le devoir que m'impofoit ma place, par le defir qu'ont tous les hommes de fe diftinguer, & plus encore, j'ofe le dire, par mon attachement à l'Impératrice, & par le zele que j'avois pour tout ce qui pouvoit contribuer à fa gloire & à celle de la Nation Ruffe.

Les recherches que l'on fit pour trouver les pierres qui devoient former le Piédeftal de la Statue, n'ayant pas eu le fuccès qu'on en efpéroit, je revins à la premiere penfée que j'avois eue, & je parvins enfin à perfuader à M. de Betzky que le Piédeftal devoit être d'un feul morceau. Je dus principalement la confiance que j'infpirai à ce Miniftre à quelques ouvrages que je fis exécuter avec fuccès, & en m'éloignant de toutes les pratiques ordinaires. Tel eft, par exemple, le grand attelier où M. Falconet a fait fon modele. Cet édifice eft fort vafte, & difpofé commodément pour toutes les opérations qu'on y doit faire. On trouva qu'il étoit très-hardi, pour un pays où la fureur des vents caufe (a) fouvent de grands ravages. Je ne puis pas en donner les deffins; ils ont péri dans le naufrage que je fis en quittant la Ruffie, & dans lequel j'ai eu le malheur affreux de perdre mon fils.

(a) Lors de la conftruction de cette piece, la plupart même des Architectes affuroient que le premier coup de vent l'abattroit. L'année fuivante (1768), il y en eut d'affez forts pour enlever des toits couverts de fer, &c. ils ne purent endommager cet ouvrage, & il exifte encore fans avoir eu befoin de la moindre réparation.

ARTICLE II.

D E la découverte du Rocher qui forme la bafe fur laquelle fera élevée la Statue de PIERRE PREMIER ; de fes dimenfions, de fa forme, de fon poids, & des diverfes autres particularités de ce genre.

LA fortune, qui feconde fouvent les entreprifes nobles & extraordinaires, fembla donner une marque de fes faveurs à Catherine Seconde, à l'occafion du Monument qu'elle élevoit à Pierre-le-Grand. Un Payfan m'apprit qu'il y avoit un très-grand rocher (*a*) dans un marais, près d'une baie du golfe de Finlande, à fix verftes (& non pas à neuf, comme on l'a publié), ou à environ une lieue & demie de France du bord de l'eau ; & à vingt verftes de la ville (*b*), vu le détour que la barque devoit faire pour conduire le rocher à fa deftination. Je m'y fis auffi-tôt conduire à pied : c'étoit le feul moyen d'y arriver. Je trouvai le rocher couvert de mouffe ; ayant fait fouiller à tous fes angles, je reconnus que fa bafe étoit plate. Sa forme étoit un parallélipipede, de quarante-deux pieds (*c*) de longueur, de vingt-fept de largeur, & vingt-un de hauteur (*d*). Les deux dernieres dimenfions étoient plus que fuffifantes pour pouvoir tailler

(*a*) Avant que d'aller plus loin, je crois devoir prévenir le Public contre les defcriptions pleines d'erreurs qu'on a publiées de ce Rocher. Le merveilleux qu'on a prétendu y trouver n'eft que dans l'imagination de quelques Ecrivains. C'eft dans l'Almanach de Gotha, imprimé l'année 1769, qu'on trouve toutes ces merveilles. On donna à plufieurs particuliers des écrits qui n'ont ni ordre, ni fuite, ni exactitude. On fit, à la fin, frapper une Médaille, repréfentant le tranfport du Rocher, où, pour toute defcription, on lit : DERSNOVANIE PODOBNO, qui fignifie, *femblable à la hardieffe.*

(*b*) Le Verfte eft 3500 pieds d'Angleterre.

(*c*) Toutes ces mefures font ici fur le pied du Roi.

(*d*) Ce Rocher fut un peu diminué : on en retrancha un angle mince de devant, d'après le modele donné par le Statuaire, & on le réduifit à 37 pieds de longueur, 21 de largeur, & 22 de hauteur. Ayant calculé d'après le poids d'un pied cubique, je trouvai qu'il pefoit environ quatre millions de livres, tel qu'il étoit ; mais avec les retranchemens dont je viens de parler, & lors du tranfport, il n'en pefoit que trois.

Depuis qu'il a été pofé à fa deftination, on a continué d'en retrancher beaucoup ; & les blocs qu'on a retirés fur le lieu où il eft, ferviront à faire, non-feulement un pavé & des bornes autour du Monument, mais encore peut-être une partie du quai qui fera au-devant, fi on veut l'employer. Je ne puis pas m'empêcher de dire ici que c'eft avec injuftice qu'on a reproché à M. Falconet d'avoir gâté ce Rocher, en le diminuant : c'eft la même chofe que fi l'on reprochoit à un Statuaire d'avoir abattu des morceaux d'un bloc de marbre, pour faire une figure. On dira peut-être : pourquoi ne l'a-t-il pas fait fur les lieux, & évité par-là les peines & les frais du tranfport ? mais en ôtant quelques parties du Rocher, le tranfport en auroit été peut être plus difficile, puifque j'ai fait charger exprès le devant de cette maffe de 300 milliers, & que j'ai établi la forge par-deffus, pour lui donner plus d'égalité & d'équilibre.

dans ce feul bloc le Piédeftal de la Statue, tel que l'avoit conçu M. Falconet.

A l'égard de la longueur, il falloit y ajouter l'angle du bloc qui étoit
fendu par la foudre (à ce que les payfans difoient).

Après avoir fait mes diverfes obfervations fur le bloc, j'en rapportai
un échantillon & un deffin, je les préfentai à M. de Betzky. Il trouva,
ainfi que je l'avois prévu, que ce bloc convenoit parfaitement, pour fa
folidité, fa forme & fes principales dimenfions, pour en former le Piédeftal de la Statue. M. Falconet en defiroit vivement le tranfport ; mais
cette entreprife parut à lui, & à beaucoup d'autres perfonnes très-éclai-
rées, au-deffus des forces de l'homme, & des reffources de la méchanique : on penfa à le rompre en quatre ou en fix morceaux.

Si on fe fût déterminé à ce parti, outre que c'eût été ôter au Rocher
fon plus grand prix, fa dureté fit connoître que cette idée même étoit
très-difficile à exécuter. En effet, comme on ne pouvoit le fcier que
comme le porphyre, la longueur des fcies & le temps qu'on auroit
employé à ce travail auroient rendu cette opération très-difpendieufe,
& l'on n'auroit pas pu le fendre autrement fans le hafarder.

Toutes les confidérations que je viens d'expofer ci-deffus me
déterminerent, & je ne penfai plus qu'à tranfporter le Rocher tel qu'il
étoit. Sa pefanteur, un marais très-profond, des ruiffeaux, la Néva à
traverfer ; tout, jufqu'à fon enfoncement dans la terre, qui étoit de quinze
pieds, préfentoit des obftacles bien capables d'effrayer. Je ne le diffimu-
lerai pas, peut-être une ignorance (heureufe en ce cas) m'a-t-elle fait
braver les difficultés en m'en voilant la grandeur. Quoi qu'il en foit,
ayant à-peu-près combiné mes opérations, j'offris à M. de Betzki de
tenter l'entreprife. Il y confentit ; il m'y encouragea même en homme qui
en fentoit l'importance.

A peine avois-je hafardé quelques effais, que j'eus à foutenir les rail-
leries des perfonnes de tous les états, qui regardoient l'entreprife comme
impoffible. Tous croyoient qu'elle n'auroit pas un fuccès plus heureux
que le pont qu'on avoit fait quelque temps auparavant, pour traverfer la
Néva, & éviter par là d'être expofé fur les glaçons.

Le cri général du public aveugle, ni les doutes des Savans timides,
ne purent influer fur l'ame de l'Impératrice. Ses grandes vues, fes lumieres,
la hauteur de fon génie, la mettoient au-deffus des craintes de la médiocrité & des clameurs de l'envie. Elle donna l'ordre de commençer l'ouvrage, & je m'y livrai tout entier.

ARTICLE

ARTICLE III.

De la composition de la Machine qui a servi à transporter le Rocher.

L'usage ordinaire des rouleaux ou des cylindres, dans les machines destinées à porter de grands fardeaux, me parut impraticable dans celle que je projettois, 1°. parce que l'étendue de leur surface occasionne un très-grand frottement, quand le poids est énorme ; 2°. parce qu'on ne pouvoit faire ces rouleaux que de métal. On sent assez que s'ils avoient été faits de bois, de fer le plus dur, ils auroient été d'abord écrasés & mis en pieces sous un fardeau tel que ce Rocher. J'ajouterai que, si on les avoit faits de métal, le grand diametre qu'on auroit été forcé de leur donner, pour qu'ils pussent facilement rouler sous cette charge, en auroit rendu l'exécution difficile ; & j'observerai encore qu'il auroit été impossible d'obliger ces rouleaux à garder toujours leur parallélisme, parce que n'éprouvant pas tous la plus forte pression au milieu de leur longueur, ils auroient changé de direction pendant l'action de la machine.

Si on avoit cherché à contenir ces rouleaux dans une position parallele, en les engageant dans des traverses creusées exprès, alors, ou ils n'auroient pas avancé à cause de l'augmentation du frottement, ou bien ils auroient rompu les traverses. Je m'appliquai donc à donner aux corps que je voulois substituer aux rouleaux, une figure telle, qu'elle facilitât le mouvement, sans être sujette à ces inconvéniens.

Les corps sphériques fixés entre deux paralleles me parurent offrir ces avantages. J'observai encore qu'ils avoient bien moins de poids que les rouleaux, que leur mouvement étoit bien plus prompt, & leur frottement bien moins considérable, puisqu'en posant sur les surfaces, ils ne portent que sur des points ; au lieu que les rouleaux portent sur des lignes fort longues : & je considérai enfin qu'on pouvoit les former avec facilité & de la matiere la plus convenable. D'après ces réflexions générales, voici comme je conduisis mon entreprise.

Pour assurer la réussite de la machine, j'en fis le modele tel que je la concevois : il avoit la dixieme partie de la grandeur qu'elle devoit avoir. Je donnerai ici les dimensions de la machine telle qu'elle a servi pour transporter le Rocher. La partie inférieure de la machine étoit composée des poutres isolées : elles avoient chacune 33 pieds de long, 14 pouces de largeur sur 12 de hauteur. On les voit représentées par les bouts, planche premiere, & marquées AAA, figures premiere & seconde. Elles

D

étoient creufées , à leur fuperficie , en forme de gouttiere , pour recevoir
une couliffe de métal de deux pouces d'épaiffeur : elle étoit faite de fix
pieces. On voit la coupe fig. troifieme ; elle eft repréfentée auffi en plan
planche feconde , fig. premiere AA. Elles étoient amincies fur les côtés ,
parce que le fond feul devoit effuyer la violence de la preffion. J'ai donné ,
comme on le voit , aux côtés de cette couliffe de métal une forme convexe , pour diminuer le frottement que la boule éprouveroit en y rou-
lant. J'avois auffi obfervé de faire le diametre des boules tel qu'elles por-
taffent toujours au fond de la gouttiere , & qu'elles n'en touchaffent. les
côtés qu'accidentellement & quand la machine étoit en mouvement.

La partie fupérieure de la machine étoit de deux poutres femblables
à celles que je viens de décrire pour la forme , mais leurs proportions
étoient différentes : elles avoient chacune 42 pieds de long , 18 pouces
de large , & 16 pouces de hauteur. On les voit repréfentées planche
premiere , fig. premiere & feconde CCC. Ces dernieres étoient affemblées par quatre traverfes de bois de 14 pieds de long & 12 pouces d'équa-
riffage , repréfentées fig. quatrieme , ainfi qu'en D , fig. feconde. Ces traverfes avoient moins d'épaiffeur que les poutres marquées C , afin qu'il y
eût un efpace vuide entre elles & le Rocher , repréfenté lettre E , fig.
premiere ; car il les auroit rompues , s'il avoit porté deffus. Aux deux
extrémités de ces traverfes , fig. quatrieme , je mis deux boulons , dd ,
taillés en vis à leurs bouts : on les voit auffi dans la fig. fixieme , avec une
platte-bande P.

Celle-ci entroit au milieu des traverfes vues par le bout fig. feptieme ;
& fe fixoit par deux goupilles , fig. quatrieme , OO , & fig. huitieme ,
dans laquelle on voit un bout de traverfe brifée , & la goupille qui la
traverfoit marquée O. Les lettres K , même figure & fig. feconde , montrent
les cercles de fer , dont l'ufage étoit de ferrer le bois , afin que les goupilles
ne le forçaffent pas à fe fendre & à fe détacher. Entre ces quatre traverfes ,
j'en mis trois autres de fer de même longueur & de deux pouces de diametre :
voyez deux figures cinquieme : elles avoient à leurs bouts des boulons , X ,
d'un pouce de diametre , comme ceux des traverfes de bois. Tous ces
boulons traverfoient la piece de bois fig. dixieme , aux lettres a & b.

Comme la preffion devoit être très-grande , j'ai mis entre chaque traverfe
un boulon , fig. neuvieme. Tous ces boulons , ainfi que les boulons des
traverfes , traverfoient des crampons d'un pouce d'épaiffeur & de quatre
pouces de large , même fig. neuvieme FFF. Leurs griffes , NN , retenoient les couliffes de cuivre dans les entailles faites dans les poutres ,
pour recevoir ces couliffes , fig. feconde , nn. Y , ibidem , repréfente les
crochets dans lefquels on paffoit des cordes pour tirer les chaffis. SS font d'autres crochets qui fervoient à unir fortement les poutres mobiles de deffous

[15]

l'une au bout de l'autre. Ces crochets, qui font ici vus de face, font repréfentés de profil, planche cinquieme ; fig. premiere A , & entroient dans
les anneaux, B , placés au bout oppofé de la poutre, comme on le voit
à la lettre C. Par ces moyens, ces poutres ne pouvoient être défunies
par les boules, lorfque le Rocher étoit en mouvement. Toutes ces pieces
affemblées & ferrées par des écrous, qu'on voit au bout des figures huitieme & neuvieme , planche premiere , & leurs claies , H , forment le
chaffis qu'on voit à la planche feconde , fig. premiere , vu du côté des
gouttieres de cuivre , & fig. feconde , vu du côté où pofoit le Rocher.

Tout étant ainfi préparé , je plaçai les poutres libres qu'on voit de face,
planche premiere, fig. premiere AA , & fig. feconde A. Je jettai dans
leurs gouttieres quinze boules , B ; je pofai enfuite le chaffis de maniere
que ces gouttieres pofaffent fur leurs boules. Ces mêmes poutres font
repréfentées de profil planche cinquieme, fig. premiere DD. Je plaçai fur
ce chaffis de mon modele un poids de trois mille livres , qui avoit , avec
ce modele, le même rapport que le Rocher devoit avoir avec la machine
exécutée en grand , & je vis avec fatisfaction qu'en le tirant avec un doigt
feulement, le moindre effort le faifoit mouvoir avec la plus grande facilité
fur un plan horizontal.

Je portai le modele à M. de Betzky : il l'examina avec beaucoup d'attention , & fut alors perfuadé de la poffibilité du tranfport du Rocher.
J'efpérois que la vue de ce modele produiroit le même effet fur les autres
perfonnes qui étoient d'un fentiment contraire , & que du moins les
gens de l'art reviendroient à mon opinion : je m'abufois ; j'ignorois , je
l'avoue, tout ce qu'il en coûte aux demi-Savans pour avouer qu'ils fe
font mépris , & pour convenir que ce qu'ils ont cru impoffible ne l'étoit
pas en effet. J'effuyai donc encore des objections de toutes efpeces, les
unes affez bien fondées, d'autres dictées par l'envie , & quelques-unes
même qui étoient abfurdes, & qui n'étoient pas les moins bruyantes.
Je me mis au-deffus de ces vaines clameurs ; & ayant reçu l'ordre,
d'après l'infpection de mon modele & les explications que j'avois données, de commencer l'entreprife, je mis la main à l'œuvre, ainfi que
je vais l'expliquer.

ARTICLE IV.

Des établissemens que je fis pour loger les Ouvriers qui devoient être employés à diverses manœuvres que j'avois à faire faire pour exécuter mon entreprise, & des inconvéniens qui en résulterent pour eux & pour moi, malgré les précautions que je pris pour rendre le lieu plus sain qu'il ne l'étoit.

LE Rocher ayant été trouvé dans un lieu désert, mon premier soin fut de bâtir, à peu de distance du lieu où il étoit, des casernes pour y loger environ quatre cens ouvriers, manœuvres, ou autres personnes dont j'avois besoin sur les lieux ; je m'y logeai aussi (*a*) : c'étoit le seul moyen de presser les travaux avec toute la diligence possible.

Je fis nettoyer le terrein de tout ce qui s'y trouva d'arbres & de broussailles, depuis le Rocher jusqu'à la riviere de la Néva, sur une largeur de vingt toises. Outre l'avantage d'avoir un espace plus grand & plus commode pour les différentes manœuvres, j'eus encore celui d'augmenter la circulation de l'air, qui contribuoit à la santé des ouvriers, au prompt desséchement du terrein, & qui le disposoit sur-tout à se geler plus fortement & à une plus grande profondeur ; ce qui étoit très-nécessaire.

Au mois de Décembre, les gelées étant déja un peu fortes, on travailla à dégager le Rocher de toute la terre qui l'environnoit. J'ai dit qu'il étoit enfoncé de quinze pieds, comme on le voit planche troisieme, fig. seconde AA. On fit tout-autour, à cette profondeur, un vuide de quatorze toises de large. Il n'en falloit pas moins pour placer les machines nécessaires pour élever & renverser le Rocher, sa forme étant telle que ce qui étoit en largeur devoit être en hauteur. La figure premiere montre le Rocher couché à plat sur le terrein, & la figure seconde le fait voir dans le moment qu'on l'éleve.

(*a*) J'ai dit que ce Rocher étoit au milieu d'un marais. Si jamais il se rencontroit que, dans une pareille situation, on dût employer beaucoup de monde à des ouvrages quelconques, le plus sûr seroit de commencer, s'il étoit possible, par saigner le marais au point de le dessécher. Outre la facilité des travaux qui en résulteroit, on mettroit par là tout le monde à l'abri des maladies qui sont inévitables sans cette précaution. Je puis assurer, d'après la fâcheuse expérience que j'en ai faite, que le meilleur tempérament ne résiste pas aux vapeurs infectes, à l'humidité & autres incommodités qu'on éprouve dans ces lieux. Ces vapeurs attaquent particuliérement la santé de ceux qui, livrés aux spéculations que demande la direction des entreprises de ce genre, ne peuvent la conserver par un exercice violent. La mienne y a succombé. Je me suis senti affoiblir par degrés par une langueur générale ; mon estomac s'est dérangé ; j'ai eu des douleurs vives de rhumatisme dans toutes les jointures : le scorbut commençant à m'attaquer, je ressentis des douleurs de dents très-aiguës, & fus menacé de les perdre. Enfin de longues fievres me mirent aux portes du tombeau.

Voilà un tableau des maux que m'a causés mon séjour dans des lieux si mal-sains. L'usage des citrons, oranges & des acides en général, un exercice violent & continu, des frictions sur toutes les parties du corps, & sur-tout les voyages que j'ai faits dans les pays chauds, ont arrêté les progrès des maladies dont j'avois été affligé, & que tous les autres médicamens ne faisoient qu'aigrir.

En

En dégageant le Rocher comme je viens de le dire, je fis faire un glacis, depuis la furface inférieure du Rocher, de fix toifes de large fur cent toifes de longueur, afin de retirer le Rocher de fon enfoncement. Ce glacis me donna une montée praticable, lorfqu'il fut queftion de reti-rer le Rocher fur le chemin horizontal.

ARTICLE V.

Des moyens que j'employai pour renverfer le Rocher, ou changer fa fituation.

LES objeĉtions les plus fenfées qu'on eût faites contre mon projet & mon modele portoient fur la difficulté qu'il y auroit à remuer cette maffe, à la fortir de fon trou, & à la placer fur la machine que je propofois. Je l'avois d'autant mieux fenti, qu'il n'y avoit aucune grue, ni rien de tout ce qui y reffemble qui pût fuffire pour cette manœuvre. Trop partifan de la fimplicité dans les machines, pour adopter celles qui feroient fort compliquées ; bien perfuadé que, pour donner du mouvement à des far-deaux tels que le Rocher, il falloit ne rien perdre en frottement, je réfo-lus de n'employer que le levier ordinaire, nommé, par les gens de l'art, du premier genre ; & je cherchai à fuppléer, par quelque machine auffi fimple que je le pourrois, à l'impoffibilité qu'il y avoit de remuer à la main des leviers auffi longs & auffi pefans que je les concevois. Je m'y pris ainfi : je fis faire avec des fapins des pyramides triangulaires repréfentées planche quatrieme, figures premiere & feconde. Leur bafe, figure pre-miere, étoit formée de pieces de bois qui avoient fept pouces d'équar-riffage : elles étoient arrêtées à leurs angles par des équerres de fer ; & elles avoient quatre mortaifes qui devoient recevoir les montans de la pyramide, dont l'élévation eft repréfentée figure feconde. Ces montans n'avoient que cinq pouces d'équarriffage.

Trois de ces montans étoient retenus en haut par un cercle de fer : le quatrieme, qui étoit le plus petit, ne fervoit qu'à porter le treuil que l'on voit dans cette figure, & fur lequel la corde étoit fixée. Les trois mouffles repréfentés dans la hauteur de la pyramide donnoient à chacun des leviers que j'avois à mouvoir tous les mouvemens néceffaires de haut en bas, comme dans la figure feconde, ou de bas en haut, ainfi que dans la figure troifieme.

J'avois formé chaque levier de trois mâts, ou de trois efpeces de mâts qui diminuoient de groffeur d'une de leurs extrémités à l'autre comme les arbres. Le plus grand diametre de chacun de ces arbres, au bout qui étoit

E

le plus gros, étoit de quinze à dix-huit pouces de diametre, & ils avoient environ foixante-cinq pieds de longueur. Chacun de ces leviers pouvoit foulever environ deux cens mille livres.

Pour s'en fervir, on arrêtoit un des bouts d'une corde au cabeftan ; & après avoir fait faire à la corde, fur les mouffles, les révolutions que l'on voit figure troifieme, on fixoit fon autre bout fur l'une des extrémités du levier marquée L. Tout étant ainfi difpofé, on tournoit le cabeftan T, & par là on élevoit le bout du levier au haut de la pyramide.

Après cette premiere manœuvre, on avançoit le gros bout du levier fous le Rocher, & fur le point d'appui qui en étoit tout proche, ainfi qu'on le voit Planche troifieme, fig. feconde, H. On arrangeoit enfuite les cordes fur les mouffles, de maniere que le bout fupérieur du levier fût tiré en en-bas par le treuil ; ce qui ne pouvoit fe faire qu'en élevant le fardeau, ou caffant le levier. La bafe de la pyramide étant fixée folidement fur le terrein par des pilotis, ainfi qu'on le voit figure premiere LL, les points d'appui étant fort loin de la force mouvante, & très-près du mobile, trois hommes fuffifoient à chaque pyramide pour cette manœuvre ; & les mêmes hommes, avec des leviers de fer, pouvoient encore avec facilité faire avancer les pyramides vers le rocher, à mefure qu'on élevoit l'un de fes angles pour changer fa fituation.

Dès qu'en fouillant autour du Rocher, on l'eut dégagé de la terre qui l'environnoit, je fis enfoncer des pilotis dans le lieu où devoient être fixés les points d'appui des levièrs marqués H, ainfi que dans le lieu où je plaçai le radier M, figure premiere, fur lequel j'ai renverfé le Rocher. Ce radier étoit un affemblage de quatre rangs de poutres tranfverfales, repréfentées de profil figure feconde, B. Ayant, autant qu'il me fut poffible, tout préparé pour renverfer le Rocher, je plaçai douze leviers du côté O, où il devoit être élevé.

Pour faciliter l'action de mes leviers par une nouvelle force, je fis établir très-folidement, au côté oppofé des leviers, quatre cabeftans ; & ayant fait fceller avec du plomb, dans le Rocher, des anneaux de fer d'un pouce & demi de diametre, je fis attacher à ces anneaux des mouffles à trois poulies, & fis paffer des cordages de deux pouces de diametre, qui, après avoir fait différentes révolutions fur les poulies, alloient fe terminer aux autres mouffles qui étoient attachés près des cabeftans. On peut s'en former une idée, en confidérant les figures premiere & feconde.

Comme il étoit néceffaire que la plus grande uniformité régnât dans le mouvement de toutes ces manœuvres, & qu'il n'y eût aucune confufion, j'avois placé fur le Rocher deux tambours, planche cinquieme, figure premiere, & planche premiere, figure premiere, qui, par des fignaux que je leur donnois, donnoient à toutes les opérations l'ordre & la précifion néceffaires.

Chaque opération des leviers élevoit le Rocher au moins de trois quarts de pied , & d'un pied , lorfque les points d'appui H étoient exaɛtement fixés, & ne fléchiffoient pas : alors on fixoit tous les cabeftans, & les mêmes ouvriers (*a*) mettoient deffous le Rocher des poutres & des coins forcés à coups de maffe , figure feconde Q , pour le foutenir, tandis qu'on ôteroit les leviers, qu'on fe prépareroit à recommencer les mêmes opérations, & qu'on éleveroit les points d'appui , ainfi que la charpente des pyramides N.

Quand le Rocher fut élevé au point d'être à-peu-près en équilibre , je fis établir fix nouveaux cabeftans. Ils étoient diamétralement oppofés aux quatre dont j'ai parlé , & dont l'aɛtion avoit fervi à élever le Rocher : je les fis foutenir , outre cela , du côté du radier M , figure premiere , & B, figure feconde, par des vis très-fortes. On les voit planche quatrieme , figure feptieme. Je crus devoir prendre ces précautions, pour empêcher qu'une chûte trop prompte ne brisât les pieces de bois furlefquelles il devoit s'affeoir, & n'expofât même le Rocher à quelque fraɛture ; car , quoique les parties en fuffent très-compaɛtes, fa maffe & fa forme inégale me faifoient craindre que les chocs qu'il éprouveroit , en tombant tout-à-coup, ne le fiffent fendre ou éclater. Pour prévenir encore plus fûrement cet accident , j'avois fait mettre fur le radier environ fix pieds d'épaiffeur de mouffe & de foin (*b*) mêlés enfemble. Par ces moyens , je fis defcendre lentement le Rocher, & placer fur fon lit.

Le Rocher fut placé fur ce lit vers la fin du mois de Mars 1769. Ce retard ne fut caufé que parce qu'il fallut ôter la terre qui l'environnoit , tailler & égalifer fa bafe , & en ôter de grands quartiers inutiles. Dans cet intervalle , j'avois fait faire la machine pour la marche, fans rien changer aux formes que j'avois données à mon modele. Comme les poutres & les couliffes de cuivre de deffous étoient mobiles, j'en avois fait faire fix paires , de façon que dès qu'une feroit libre derriere le Rocher , on pût la conduire devant , & la placer dans la direɛtion des autres. Voyez planche cinquieme , figure premiere , fix hommes qui traînent la poutre pour la placer en V , & parallele à la poutre Z. On voit que , par ce moyen , la marche continuoit toujours. J'ai fait ces poutres & ces couliffes moins épaiffes que celles qui appartenoient au chaffis fur lequel

_____

(*a*) Prefque tous les Payfans & Soldats Ruffes font Charpentiers , ce qui ne facilite pas peu la promptitude des Ouvrages. Ils ont une telle adreffe à manier la hache, qu'il n'eft aucun ouvrage de charpente qu'ils n'exécutent avec elle feule & un cifeau.

(*b*) Cinq à fix jours après, ces fix pieds de foin & de mouffe étoient réduits à un corps très-compaɛte de quatre à cinq pouces d'épaiffeur , abfolument impénétrable à une balle de moufquet tiré de vingt pas, avec une forte charge. L'épreuve réitérée que j'en ai faite , m'a conduit à penfer que l'on pourroit retirer quelques avantages d'un tiffu de mouffe féché , foumis pendant quelque temps à une très-grande preffion.

pofoit le Rocher. Ce chaſſis devant porter toujours le fardeau, & ne les
changeant jamais, les poutres de bois & les couliſſes de métal exigeoient
que je les fiſſe plus fortes. Les boules, dont le diametre étoit de cinq pouces,
étoient placées dans les couliſſes à deux pieds les unes des autres, enſorte
que toute la maſſe étoit portée par trente ou trente-deux boules de cuivre
jaune, auquel j'avois ajouté de l'étain. Comme, de temps en temps, quelques-
unes de ces boules ne marchoient pas, parce qu'elles n'étoient pas preſſées
par les gouttieres, & que, ſi elles s'étoient jointes, il en auroit réſulté un grand
frottement, j'avois placé ſept hommes ſur des nattes de chaque côté & deſſous
le Rocher, de façon qu'ils étoient toujours prêts à ranger & à pouſſer avec un
bâton de fer celles qui ceſſoient de ſe mouvoir. Quoique l'occupation de ces
hommes parût dangereuſe en apparence, cependant ni dans cette manœuvre,
ni dans toutes celles qu'on a faites pour le tranſport du Rocher, il n'eſt
arrivé aucun accident. On voit comment ces hommes étoient rangés figure
premiere, R, & figure troiſieme, R & S. J'ai indiqué par des points,
dans cette derniere figure, comment le Rocher étoit placé ſur le chaſſis,
& quelle étoit la ſituation des couliſſes de deſſous. On y voit auſſi quelle
étoit la diſtance des cabeſtans; le corps-de-garde & les traîneaux, marqués T, qui contenoient les inſtrumens & outils néceſſaires: tout cet attirail étoit attaché au Rocher & marchoit avec lui, pour avoir ſous la main
ce dont on avoit beſoin en outils & matériaux.

Comme la ſituation du Rocher ne m'avoit pas permis de le faire traîner
en ligne droite, depuis le lieu où on le trouva juſqu'à la riviere (a),
je fus obligé de faire une machine avec laquelle on pût le détourner, pour
lui faire changer de route.

Elle étoit conçue abſolument comme celle qui ſervoit à avancer en
ligne droite, à cela près ſeulement qu'elle étoit plus forte. Les poutres &
couliſſes de cette ſeconde machine avoient, dans leur longueur, une
forme circulaire, ainſi qu'on le voit planche ſixieme, figures premiere &
ſeconde, enſorte que les ſeules extrémités du Rocher, figure troiſieme, ſe
mouvoient tandis que le centre reſtoit fixe. J'ai indiqué par des points, figure
troiſieme, la machine circulaire placée ſous le Rocher. C'étoit un cercle de
douze pieds de diametre: la poutre qui le formoit avoit dix-huit pouces
d'équarriſſage, & la couliſſe de cuivre trois pouces & demi d'épaiſ-
ſeur à ſon fond: quinze boulets ſoutenoient le Rocher ſur cette machine (b).

(a) Le principal obſtacle que je rencontrai, & que j'eus pluſieurs fois à vaincre, fut la profondeur du marais. Elle étoit telle en quelques endroits, que les plus longs pilotis n'auroient pas touché
le tuf ſolide: ce qui m'obligea de faire changer cinq fois de direction.

(b) Comme toutes ces machines & les outils néceſſaires demandoient ſouvent des réparations en
fer ou en bois, & qu'il falloit d'ailleurs une proviſion d'uſtenſiles de tout genre, j'avois bâti, ſur
le Rocher même, la forge, & j'avois attaché derriere lui de grands traîneaux, ſur leſquels on
mettoit tout l'attirail néceſſaire.

Telles

Telles font les manœuvres & les machines que je fis faire pour préparer le Rocher à être tranfporté, comme je vais l'expliquer dans l'Article fuivant.

ARTICLE VI.

De la maniere dont j'ai préparé le chemin fur lequel devoit paffer le Rocher.

Avant de montrer le Rocher en marche, je traiterai des opérations que je fis pour rendre très-folide le chemin fur lequel il devoit paffer.

Je fis d'abord enfoncer fur ce chemin des pieux très-gros à cinquante toifes de diftance les uns des autres, pour y attacher les cordages qui retenoient les mouffles & les cabeftans dont j'avois befoin.

Je fis auffi enfoncer des pilotis dans le chemin même, par-tout où le marais ne pouvoit pas geler jufqu'au fond. Dans tout le refte du chemin, je fis ôter la mouffe dont les marais de ce pays font prefque uniquement couverts, & une couche d'un limon gras qui empêche ces marais de geler à une profondeur confidérable. Là je fis tranfporter du gravier que je trouvai près du chemin dans quelques endroits, & que je mêlai par couches alternatives avec des petits fapins ébranchés, dont la forêt fourniffoit affez abondamment.

De cette maniere, je formai un chemin folide, parce que l'humidité du marais, pénétrant ce gravier, geloit à la profondeur d'environ quatre pieds, & faifoit une maffe très-compacte & très-réfiftante. J'obferverai que, depuis le commencement de l'hiver, on avoit grand foin de balayer la neige qui tomboit : fans cette précaution, la gelée n'auroit pas pénétré fort avant.

J'employai la terre même que l'on ôta pour dégager le Rocher à faire un rempart tout autour du creux où il étoit enfoncé. Par ce moyen, je rejettai les eaux de pluie dans la campagne ; & celles mêmes du marais, qui auparavant inondoient fouvent ce creux, ne pouvoient plus y couler : il n'en filtroit qu'une petite quantité à travers les terres, & un chapelet fuffifoit pour les vuider.

Le Rocher refta tout l'été fur le radier fur lequel il avoit été renverfé au mois de Mars, la terre, depuis ce temps-là, n'ayant plus affez de confiftance pour le porter.

J'employai cet intervalle à conftruire un radier au bord de l'eau, fur lequel on pût conduire le Rocher affez avant dans la riviere pour trouver la profondeur d'eau que demandoit la barque fur laquelle il devoit être

F

conduit à Pétersbourg. Ce radier avoit huit toifes de large & quatre cens de long. On le voit de profil planche feptieme, figure feconde en M. On conçoit avec quelle folidité ce radier devoit être établi, pour foutenir une maffe telle que celle du Rocher, & pour réfifter aux glaçons énormes que la riviere entraîne (*a*). Voici ce que je fis pour lui donner cette folidité. Je fis enfoncer des pilotis dans toute la longueur, & je les fis tailler de façon que leurs têtes fuffent à fleur d'eau. Je fis auffi remplir entiérement le vuide qui reftoit entre eux par des fapins ébranchés, & jettés tranfver-falement, & arrêtés fortement par-deffus par des liens de fer; car les liens d'une autre matiere auroient été très-promptement coupés par les gla-çons.

Etant parvenu à faire une forte de mole plein & folide jufqu'à la fur-face de l'eau, je l'élevai encore de trois pieds par des poutres retenues auffi par des liens de fer. Enfin je fis garnir les extrémités de ce mole par une quantité de groffes pierres qu'on trouva au bord de l'eau, & qui font de la même qualité que le granit dont on conftruit le quai, & qui eft moins dur que celui du Rocher. J'achevai par là de rendre le radier très-folide.

Pour garantir entiérement cet ouvrage des glaçons, je le munis d'une forte paliffade formée par des pilotis enfoncés tout autour à cinq pieds l'un de l'autre, & à fix du mole : des arcsboutans placés entre lui & chaque pilotis les foutenoient contre l'impétuofité des glaçons; & je n'eus plus qu'à faire couper la glace autour d'eux, lorfqu'elle fut affez forte pour me faire craindre qu'elle ne les arrachât par le hauffement de l'eau : alors elle ballottoit librement, & fes coups les plus violens étoient amortis avant que de parvenir au mole même (*b*).

(*a*) Quelquefois, quand le vent retient les glaçons de la Néva & du lac de Ladoga, ils forment des maffes fi prodigieufes, qu'ils ont jufqu'à vingt pieds de hauteur. Ces maffes de glaces ont une force proportionnelle à leur poids énorme, & à la viteffe qu'ils acquierent par le courant de l'eau : ils arrachent quelquefois des pilotages très-folides en apparence, & détruifent des ouvrages fur lef-quels il femble qu'on pourroit compter.

(*b*) Les glaçons furent pouffés avec tant de force cette même automne, qu'ils firent démarer, & qu'ils emporterent loin du rivage plufieurs vaiffeaux, quoiqu'ils fuffent retenus par de fortes ancres : ils firent encore plufieurs autres ravages qui prouvoient la rapidité de leur impulfion. Pour le mole, il n'en fut aucunement endommagé, & on le voit encore.

ARTICLE VII.

Du transport du Rocher depuis le lieu où on l'a trouvé jusqu'aux bords de la Néva.

COMME je me difpofois à tranfporter le Rocher, la premiere opération que j'avois à faire étoit de l'élever un peu, pour fubftituer au radier fur lequel il pofoit le chaffis fur lequel il devoit s'affeoir, afin qu'on pût le trainer.

Il étoit d'autant plus important de faire cette opération d'une maniere fimple & facile, que je devois la répéter toutes les fois qu'il faudroit faire changer de route au Rocher, en fubftituant au chaffis difpofé pour le tirer en ligne droite celui qui étoit arrangé feulement pour le faire tourner.

Je fis donc faire, outre les leviers dont j'ai parlé, des vis de fer (*a*). Ces vis, qu'on voit planche quatrieme, figure cinquieme, D, entroient dans un écrou de cuivre E : elles foutenoient une chape L, auffi de cuivre, & s'appuyoient, avec deux cercles de fer & quatre boulons qui les traverfoient, fur une piece de bois dur repréfentée figure fixieme. La figure feptieme repréfente la vis avec toutes les pieces qui devoient y être unies, pour qu'elle fit fon effet. Ainfi, lorfqu'on avoit pofé les vis fous le Rocher, & qu'on tournoit le levier Z, ces vis, par leur mouvement dans un fens ou dans un autre, élevoient ou abaiffoient le Rocher, comme on le voit planche fixieme, figure premiere, BB. Ces vis étoient établies fous le Rocher & hors du chaffis fur lequel il portoit, pour qu'on pût avec facilité fubftituer à ce chaffis la machine circulaire dont j'ai parlé.

Ces mêmes vis avoient tant de force, que je n'en employai que douze pour foutenir le fardeau du Rocher.

L'ayant donc ainfi fufpendu fur ces vis, je fis ôter le radier fur lequel il étoit refté tout l'été : je fis placer les couliffes libres de la machine, planche premiere, figure premiere AA, & l'on gliffa deffus le chaffis à couliffes CC. Comme ce chaffis n'avoit que dix-fept pieds de large, & que le Rocher en avoit vingt-&-un, il excédoit le chaffis de deux pieds de chaque côté; & c'eft fous cette faillie qu'étoient placées les vis, ainfi que je viens de le dire.

La figure du Rocher n'étoit pas affez réguliere pour qu'il posât également fur toutes les parties de la machine; au contraire, l'arriere pefoit

---

(*a*) La folidité & la force qu'elles devoient avoir les rendoient d'une exécution difficile. Un habile ouvrier Strasbourgeois, nommé *Figner*, s'en chargea, & y réuffit parfaitement : c'eft le même qui a fait l'armature de la Statue de Pierre-le-Grand, piece encore très-difficile par l'attitude du cheval.

plus que l'avant, étant bien plus haut, comme on le voit par la planche cinquieme, figure premiere.

Cet inconvénient auroit pu tout déranger dans la marche, & même causer le renverfement du Rocher dans une montée un peu confidérable, parce qu'alors le poids eft déja naturellement fur l'arriere. Pour éviter cet inconvénient, & étendre la bafe fur laquelle la partie de l'arriere du Rocher repofoit, je fis mettre deux arcsboutans de bois dur, dont on voit un de profil E; & les entailles où ils entroient tous les deux font repréfentées à la planche feconde, figure feconde, DD. Les autres bouts étoient dans les entailles faites au Rocher (a).

J'étois enfin parvenu à mettre le Rocher au point d'avancer & de faire chemin fur les boulets. La montagne fur les œufs, difoient les plaifans. Quatre cabeftans furent employés à le tirer d'abord, parce qu'il falloit le tranfporter fur le chemin horizontal par le glacis que j'ai fait faire, & dont j'ai déja parlé. Je dirai une fois pour toutes que dans les terreins plats & horizontaux, deux cabeftans mus chacun par trente-deux hommes fuffi-foient pour la marche du Rocher. Dès que le premier mouvement lui étoit imprimé, il avançoit avec la plus grande facilité, & les hommes couroient en tournant les cabeftans, & fans faire prefque d'effort. On employoit à chaque cabeftan deux mouffles à trois poulies, planche cinquieme, FF. Les cables avoient environ un pouce & demi de diametre. Lorfqu'il fal-lut monter des pentes de terrein affez confidérables, il fallut quatre cabef-tans, & même quelquefois fix, en employant toujours le même nombre d'hommes à chaque cabeftan.

Les tambours placés fur le Rocher donnoient le fignal, & tous les mou-vemens fe faifoient avec beaucoup d'ordre. La fatigue également partagée, n'étant confidérable pour aucun individu, on parcouroit de la forte depuis quatre-vingts jufqu'à deux cens toifes par jour, lorfqu'on ne rencontroit pas d'obftacles, comme des pentes, ou des chemins à refaire; & je remar-querai que ces jours n'ont que quatre à cinq heures en hiver. Quand il

(a) Cette diftribution égale & plus étendue de tout le fardeau étoit d'une utilité d'autant plus évidente, que le Rocher s'étant enfoncé dans la terre cinq fois, plus ou moins profondément, ces arcsboutans furent fi preffés par le poids qu'ils foutenoient, que le bout qui portoit fur les chaffis s'y enfonça d'un pouce, & celui qui tenoit au Rocher fut écrafé d'un pouce. J'avois déjà remarqué l'effet des fortes preffions fur le bois debout. Lorfque le Rocher fut mis fur le lit où il paffa l'été, je plaçai contre lui huit arcsboutans à chaque côté, & fix derriere : ils avoient tous un pied en quarré, & depuis quatre jufqu'à dix de long, & ils portoient fur les pilotis qui avoient foutenu les points d'appui des leviers. La plupart de ces pilotis céderent du côté où le Rocher étoit plus gros, mais trois arcsboutans de derriere s'étant trouvés fur des appuis plus folides, & porter plus uniformément, leurs bouts ont été écrafés d'une façon finguliere. On auroit pris les huit ou dix pre-miers pouces du bout qui portoit contre le Roc, pour des liaffes de chanvre taillé, tant les fibres étoient féparées & divifées. Il faut remarquer que ce bois étoit du fapin.

falloit

[25]

falloit defcendre, je mettois des cabeftans derriere le Rocher : on filoit les cables, & le Rocher defcendoit par fon propre poids.

C'étoit un fpeétacle affez curieux que là marche de ce Rocher. Quarante tailleurs de pierres travailloient continuellement deffus à lui donner la forme defirée. La forge continuoit de travailler. Si on ajoute à ce fpeétacle celui que produifoit l'attirail des traîneaux, on ne fera pas furpris de lire que, malgré la rigueur de la faifon, Sa Majefté Impériale, Monfeigneur le Grand-Duc & toute la Cour voulurent le voir. Chaque jour on voyoit une foule de fpeétateurs de toutes conditions & de tous états, venir con-templer les manœuvres de cette maffe. Monfeigneur le Prince Henri de Pruffe vit le Rocher en marche après qu'il fut débarqué, & lorfqu'il étoit déja près du lieu où doit être la Statue.

J'eus donc enfin le plaifir de voir que tout fembloit me promettre une heureufe réuffite, & qu'après les obftacles que j'avois furmontés, j'avois tout lieu de croire que je vaincrois encore ceux qui fe préfenteroient dans la fuite.

Cependant je ne reffentis pas long-temps ces mouvemens de joie, & je fus affailli par une fievre fort vive, dont j'ai expliqué la caufe plus haut. J'eus encore le chagrin de voir qu'après avoir fait parcourir au Rocher environ foixante pas, il s'enfonça de dix-huit pouces, foit que les pilotis enfoncés dans le chemin du glacis dont j'ai parlé n'euffent pas été battus avec la même exaétitude que les premiers, foit que dans cet endroit le fonds fe trouvât plus mauvais.

Ce premier accident me montra ce que j'avois à craindre, & me ren-dit plus attentif pour le refte de la route ; mais il ne me déconcerta pas, & retarda d'autant moins mes manœuvres, que le rocher devant être détourné dans cet endroit, il falloit néceffairement que je m'y arrêtaffe pour changer de machine.

G

ARTICLE VIII.

Des moyens que j'ai employés pour faire changer de direction au Rocher.

Ayant fait enfoncer des pilotis, afin de donner des points d'appui aux vis, je fis soulever le Rocher & dégager les coulisses & le chassis parallélograme, pour leur substituer le chassis circulaire qui est représenté planche sixieme, figures premiere & seconde. J'ai désigné aussi figure troisieme, par des points, le lieu où étoit placé sous le Rocher le dernier chassis, ou le chassis circulaire. On voit aussi dans cette figure, aux lettres DD, les cabestans qui servoient à faire changer la direction du Rocher (*a*). C'est ainsi que je m'y pris dans toutes les occasions semblables. Je n'entrerai pas dans de plus grands détails sur la marche du Rocher depuis le lieu où on le trouva jusqu'aux rives de la Néva, parce que je n'y fis que répéter les manœuvres que j'avois faites auparavant. J'employai six semaines à lui faire parcourir cet espace, qui est, comme je l'ai dit, d'une lieue & demie. Avant de terminer cet Article, il me paroît important de rapporter quelques expériences que je fis & sur les rouleaux & sur la nature des matériaux que j'employai dans mon entreprise.

(*a*) Je dois avouer ici, pour la consolation de tous ceux qui, par des entreprises un peu singulieres, s'attireront l'envie & les criailleries de la jalousie & de la médiocrité, que j'y fus singuliérement exposé dans tout le cours de mon entreprise : par exemple, lorsque le Rocher, au commencement de mon opération, s'enfonça un peu, comme je l'ai dit, ce ne fut contre moi qu'une voix, qu'un murmure très-désagréable. Il est enterré, disoit-on, plus que jamais; il n'en sortira plus, &c. J'en souffrois : maintenant je conviens de bonne foi que c'étoit à tort, car ces vaines clameurs ne méritent pas qu'on s'en affecte ; & je croyois avoir d'autant plus de droit de me plaindre de ces tracasseries, que le transport du Rocher n'étoit, de ma part, qu'une entreprise accidentelle & indépendante de mes emplois, puisqu'alors j'étois chargé de la direction du Corps noble des Cadets de terre, comme je l'ai dit.

Je mettois tous mes soins à prendre si bien mes mesures, que, soit cette Commission, soit d'autres dont j'ai été chargé en même temps, ne nuisissent pas à la bonne administration de ce Corps ; & il n'y avoit ni peines ni dangers que je ne bravasse pour remplir de mon mieux les charges dont on m'avoit honoré. J'eus le bonheur de réussir. J'ai plusieurs témoignages par écrit qui prouvent le contentement que Sa Majesté Impériale & ses Ministres, mes Chefs, avoient de la conduite que j'ai tenue pendant que j'ai été à la tête de cet illustre établissement, qui contient environ sept cents Cadets, & un plus grand nombre de personnes occupées de leur instruction & de leur service.

Si je suis entré dans ces détails, c'est que j'ai cru qu'il n'étoit pas inutile de montrer qu'il falloit joindre, pour des entreprises de cette nature, à quelque génie, une santé forte, la plus grande activité, & assez de force dans l'ame, pour ne pas se laisser abattre par les contretemps qui arrivent, & par les manœuvres & les cris perçans de l'envie.

ARTICLE IX.

Des inconvéniens qu'ont les rouleaux pour le transport des grandes masses, & de la matiere dont on doit faire les boules, si on les préfere aux rouleaux.

ENTRE les essais que je fis pour me préparer à transporter le Rocher, j'avois fait forger aussi exactement qu'il étoit possible, & tourner des boules de fer. Lorsque je les plaçai dans les gouttieres, elles y furent presque toutes cassées ou applaties plus ou moins vite sous le fardeau du Rocher. La moindre paille, le moindre défaut dans la soudure, la plus petite inégalité dans la contexture des différentes parties du métal, suffisoient pour les faire éclater & les séparer.

J'en fis faire de fer fondu, comme on fait les boulets de canon : elles résisterent bien moins encore; la plupart furent écrasées en plusieurs morceaux. La même chose arriva aux gouttieres mêmes. J'en avois fait forger en fer avec toute la précaution possible : elles n'ont pas résisté pendant vingt toises de marche : bientôt elles ont été brisées en petits morceaux, comme les boulets. Le cuivre seul, mêlé avec un peu d'étain & de la calamine, résista parfaitement, soit pour les gouttieres, soit pour les boules (*a*). Il arrivoit quelquefois qu'une boule beaucoup plus pressée que les autres faisoit plier la gouttiere ; mais bientôt, continuant son chemin, elle la redressoit d'elle-même, en foulant les autres parties.

Pour reconnoître si l'idée défavantageuse que j'avois conçue des rouleaux étoit bien fondée, je crus devoir en faire exécuter quelques-uns, & les soumettre à l'expérience. Je fis donc forger des cylindres de fer de deux pieds de long & de dix pouces de diametre ; & quoique j'aie tellement augmenté la force motrice, pour mouvoir le Rocher avec ces rouleaux, qu'elle étoit quatre fois plus grande que celle qui suffisoit pour le transport avec les boules, il me fut presque impossible de faire remuer le Rocher. Les cables & les moufles se casserent ; & tout le fruit de cette expérience fut de me confirmer entiérement dans l'idée peu avantageuse que j'avois conçue des rouleaux.

Après six semaines de marche & différentes manœuvres, je terminai l'opération dont je m'étois chargé, & je parvins à conduire le Rocher sur le radier que j'avois fait construire au bord de la riviere, comme je l'ai dit.

___

(*a*) L'homogénéité des parties du cuivre est, je crois, ce qui lui donne cet avantage : un bronze trop acre auroit peut-être le même fort que le fer. C'est à quoi l'on doit prendre garde dans l'occasion.

ARTICLE X.

Des préparatifs qu'on avoit faits pour embarquer le Rocher, & des difficultés
qu'on rencontra en commençant cette opération.

L'AMIRAUTÉ s'étant chargée de transporter le Rocher dans l'espace
qu'on devoit lui faire parcourir sur la Néva, fit construire une barque de
cent quatre-vingts pieds de longueur & de soixante-six de large, sur dix-
sept de hauteur. Voyez planche septieme, figures première & seconde LL.
Elle étoit munie d'un triple rang de poutres transversales à sa cale, &
d'un radier qui s'élevoit au milieu. On pourroit peut-être trouver ces dimensions exorbitantes pour un fardeau de trois millions, vu qu'elle en auroit
porté presque le double ; mais il faut remarquer que dans plusieurs endroits
où elle devoit nécessairement passer, la Néva n'a qu'environ huit pieds
d'eau. On devoit donc disposer la barque de maniere qu'elle ne tirât pas
plus d'eau, afin qu'elle ne fût pas exposée à échouer.

Quant à la hauteur qu'on lui a donnée, voici ce qui la rendoit nécessaire.
Il y avoit onze pieds d'eau depuis le bord du mole jusqu'au fond : la barque
chargée n'en tiroit qu'environ huit pieds ; mais, pour la charger, il falloit
nécessairement que le fond de la barque fût tellement appuyé, qu'un côté
ne pût pas lever, tandis que l'autre baisseroit ; sans quoi, dès que le Rocher
auroit porté sur un côté de la barque, figure seconde A, le côté B auroit
été élevé par l'eau, & la barque perdant son équilibre, le Rocher auroit
tombé entre elle & le mole. Il étoit donc nécessaire que la barque fût
assise au fond de l'eau, pour qu'elle reçût le rocher sans être renversée (a).

Les personnes chargées de l'embarquement du Rocher laisserent remplir
la barque d'eau, & la forcerent par là à reposer sur le fond de la riviere.
Comme le mole s'enfonçoit de onze pieds dans l'eau, qu'il s'élevoit de trois
pieds au-dessus de sa surface, & que la hauteur des bords de la barque étoit
de dix-sept pieds, quoique le radier n'en eût que quatorze, on ouvrit la
barque du côté A, par où le rocher devoit entrer ; & le radier & le mole
étant précisément de la même hauteur, on tira le Rocher horisontalement,
& on le fit avancer jusqu'au milieu du radier par deux cabestans placés dans
un vaisseau, comme on le voit dans cette planche. Dès qu'il y fut, on

_____

(a) J'aurois peut-être trouvé le moyen de faire passer le Rocher sur la barque, sans courir
le danger dont je viens de parler : mais j'en appréhendois un autre plus grand. Je craignois que
l'énorme pression du fardeau sur le milieu de sa surface, ne la fit plier & ne la brisât. On va voir
que mon appréhension étoit fondée.

rétablit

rétablit le côté de la barque que l'on avoit ouvert, & on calfeutra bien toute cette partie de la barque.

Quand cela fut fait, avec des feaux & en faisant jouer les pompes on commença à vuider l'eau qui étoit dans la barque. Comme on étoit occupé à cette opération, on s'apperçut avec autant de surprise que de peine que toutes les parties de la barque ne s'élevoient pas également. Le centre, trop chargé, restoit au fond de la riviere, & la pouppe & la proue seulement s'élevoient, & faisoit prendre au fond de la barque une courbe représentée par les lettres CC. L'effort que les madriers de la barque souffrirent par la courbe qu'elle prit, fit disjoindre ses membres, & l'eau commença à y entrer en grande quantité. On employa jusqu'à quatre cens hommes pour la vuider plus promptement ; mais, plus on diminuoit le volume d'eau contenu dans la barque, & plus l'effet que l'on craignoit augmenta, & elle s'arqua tellement qu'on craignit de la voir rompre.

ARTICLE XI.

Des moyens que j'employai pour faire reprendre à la Barque sa premiere forme, & pour empêcher qu'elle ne se courbât une seconde fois lorsqu'on épuiseroit l'eau.

Peu occupé jusqu'alors de tout ce qui avoit rapport à la marine, & l'Amirauté s'étant chargée de la construction de la barque & du transport du Rocher par eau, dès que j'eus avancé le Rocher sur le radier au milieu de la barque, je devins simple spectateur. On employa deux semaines entieres à différentes manœuvres inutiles, pour remédier à l'accident qui étoit arrivé à la barque. Le mois de Septembre ayant amené de grands vents, qui firent craindre que le Rocher ne périt dans la baie, & personne ne proposant des moyens de remédier à l'accident arrivé à la barque, on me chargea de retirer le Rocher sur le mole.

Ce fut alors que je voulus mettre en exécution mes idées, pour rendre à la barque sa premiere forme, sans qu'il fût nécessaire de remettre le Rocher sur le mole. J'ai remarqué d'abord que la barque n'avoit perdu sa premiere forme que parce que le fardeau ne portoit que sur son centre, & que, pour parer à cet inconvénient, il ne falloit que distribuer ce fardeau également sur toutes les parties de la barque. Je fis d'abord charger de pierres la pouppe & la proue de la barque, & les forçai ainsi de s'asseoir de nouveau au fond de l'eau.

Ce que j'avois prévu arriva. Les madriers ayant repris leur premiere

H

fituation, les ouvertures par lefquelles l'eau pénétroit fe bouchèrent prefque entiérement; & ayant fait épuifer toute l'eau de la barque, elle ne s'arqua plus; mais le milieu s'éleva un peu comme tout le refte. Il ne s'agiffoit donc plus que de diftribuer le fardeau plus également fur toute la furface de la barque. Pour y parvenir, en me fervant de vis, j'élevai le Rocher de fix pouces au-deffus du chaffis qui le portoit, & je mis de chaque côté les arcsboutans que l'on voit figure première, qui s'appuient par un de leurs bouts dans des entailles faites au Rocher, & par l'autre contre des pieces de bois fixées au fond de la barque.

Ces arcsboutans diminuoient graduellement de longueur, de façon qu'il y en eut fur toute la furface de la barque; & j'avois mis, pour les entre-tenir, les pieces de bois rangées comme on le voit figure première, planche feptieme, & liées avec des croix de fer. Tout étant ainfi préparé, je fis ôter les vis qui foutenoient le Rocher au-deffus du chaffis, & l'ayant laiffé redefcendre, fon poids fe diftribua fur les arcsboutans & fur toute la furface de la barque.

Après cette opération, on acheva de vuider l'eau de la barque. Je fis ôter toutes les pierres dont je l'avois fait charger à la pouppe & à la proue DD, & la barque s'éleva en confervant parfaitement fa forme.

La barque rétablie & mife à flot en fix jours, les Marins l'éloignerent du mole. Je fis mettre de chaque côté un vaiffeau auquel elle étoit fixée for-tement avec des cables, comme on le voit planche huitieme. Non-feule-ment ces vaiffeaux foulageoient la barque, mais encore ils la foutenoient contre les divers mouvemens qu'elle pouvoit recevoir du vent ou de l'agitation des flots. On la fit remonter la petite Néva: elle defcendit de là dans la grande; & enfin, le 22 Septembre, ce jour cher à la Ruffie, qui eft l'époque du couronnement de fon illuftre Souveraine, le Rocher arriva devant fon Palais, & dès le lendemain on conduifit la barque vis-à-vis la Place où devoit être le Monument de Pierre-le-Grand.

ARTICLE XII.

Du débarquement du Rocher, & des difficultés qu'on avoit à vaincre dans cette opération.

LA derniere opération qui reſtoit à faire pour le tranſport du Rocher, & qui n'étoit pas la moins difficile, étoit celle du débarquement.

Il y avoit tout lieu de craindre que l'on n'échouât au port, ſi on ne prenoit pas de ſages meſures. Il ne s'agiſſoit plus de faire aſſeoir la barque ſur le fond de la Néva, puiſque cette riviere a dans cet endroit bien plus de profondeur que la barque n'avoit de hauteur ; & je prévoyois qu'en tirant le Rocher ſans précaution, dès qu'il auroit porté ſur un bord de la barque, elle auroit tourné, & le Rocher ſe ſeroit précipité dans la riviere, comme je l'ai dit à l'article de l'embarquement. Voici les moyens par leſquels je parai à ces inconvéniens.

J'avois fait enfoncer dans l'eau, tout près du quai, ſix rangs de pilotis, & je les fis couper huit pieds au-deſſous de la ſurface de l'eau, afin que la barque, qui ne tiroit que huit pieds d'eau, pût y trouver un appui, comme on le voit planche dixieme, A.

Pour empêcher que, lorſque je dégagerois le Rocher de ſes arcsbou-tans, la barque ne s'arquât, comme elle avoit fait lors de l'embarque-ment, je fis faire ſur le quai un radier vers ſa proue, & un autre vers ſa poupe. On les voit planche neuvieme, RR. Je fis auſſi aſſujettir avec la plus grande force, par des liens de cables, trois mâts de chaque côté, très-gros, qui s'avançoient ſur la barque.

J'avois encore un autre accident à prévenir : il falloit éviter que, lorſque le Rocher ſeroit avancé ſur le bord de la barque, qui touchoit le quai, le côté oppoſé de la barque ne s'élevât. Pour le contenir, j'at-tachai ſix gros mâts au radier M : ils paſſoient ſur toute la largeur de la barque, & je les fixai fortement ſur un vaiſſeau repréſenté N O, & que je fis charger.

On voit par là que les bords de la barque qui touchoient à ce vaiſſeau ne pouvoient s'élever ſans élever le vaiſſeau même, qui faiſoit un équilibre ſuffiſant au poids du Rocher.

Pour éviter l'effet que pourroit occaſionner l'action longue de tout le poids du Rocher ſur le milieu de la barque, je crus devoir faire mon opération avec célérité ; & à peine eus-je fait couper les derniers arcs-boutans de chaque côté du Rocher, que tout étant préparé pour le tirer, on le vit paffer prefque en un clin-d'œil de la barque fur le mole. Ce mouvement fut d'autant plus rapide, que la barque penchant vers le rivage, & ayant incliné le plan fur lequel il devoit rouler, fon poids donna une grande célérité à fon mouvement. Ce mouvement fut même plus rapide qu'on ne s'y attendoit; car les hommes employés aux cabeftans n'ayant rencontré aucune réfiftance après leur premier effort, ils tomberent prefque tous. Il n'eft pas inutile d'obferver que toutes les parties de la barque fouffrirent un tel effort dans ce moment, que fix mâts fe cafferent, deux près du vaiffeau, & les quatre autres près des radiers.

Les madriers qui compofoient la barque furent auffi pliés & dérangés au point qu'en moins de dix fecondes il y eut plus de trois pieds d'eau dans la barque; mais, au moment qu'elle fut entiérement débarraffée, elle fe redreffa & reprit fon état naturel.

Telle fut l'heureufe iffue d'une entreprife auffi finguliere peut-être par les contradictions de tout genre qui s'y oppoferent, que par fa nature même. Je defire que mon exemple enhardiffe & donne la conftance néceffaire à ceux qui oferont fe frayer de nouvelles routes dans les Arts, & tenter ce qui paroît impoffible aux hommes médiocres. Je defire enfin qu'ils aient le courage, plus rare peut-être, qu'on me permette de le dire, que celui qui porte à s'expofer aux dangers de la guerre, & qui nous fait braver pour un temps l'opinion des hommes & les cris aveugles de la multitude, pour achever une entreprife utile & glorieufe à un grand Empire.

La Méchanique offre au génie la carriere la plus étendue: elle fe rapporte de la maniere la plus directe aux befoins de l'homme, & elle multipliera d'autant plus fes facultés qu'on y fera de plus grandes découvertes (a). Si, fans avoir fait l'étude la plus profonde de la théorie de cette fcience, je me fuis tiré heureufement d'une entreprife très-difficile qui m'avoit été confiée, que ne peuvent pas efpérer ceux qui, avec de grands talens, feront leur unique étude de cette branche importante des Mathématiques?

L'occafion fréquente que le tranfport de ce Rocher m'a donnée de réfléchir aux forces & aux réfiftances, m'a fourni des idées applicables à quelques autres problêmes de Méchanique. En conféquence de ces

(a) Je crois ne devoir pas oublier de dire qu'il y a des efprits qui fouvent pafferont d'une extrémité à une autre.

Après qu'on a vu le Rocher fe mouvoir très-facilement fur les boules, M..... me donna une idée que je ne crus pas devoir exécuter, toute ingénieufe qu'elle lui paroiffoit: c'étoit de faire tranfporter le Rocher avec des voiles de chaloupe.

idées,

idées , j'ai fait des modeles & des essais de façon à me faire croire que je ne trouverois pas d'obstacles imprévus & insurmontables pour les exécuter en grand.

J'ai balancé quelque temps pour savoir si j'indiquerois ces idées. D'une part , je crains être accusé de jactance , & d'autre part , de priver le Public de ce que pourroient contenir d'utile ou mes vues ou celles que j'exciterois dans d'autres plus heureux que moi , par la simple énonciation de ces problêmes. Mais la premiere de ces considérations a enfin prévalu ; & je différerai de présenter l'énoncé de ces problêmes jusqu'à ce que j'aie eu l'occasion d'en exécuter quelques - uns en grand , & que je puisse lui faire part des moyens que j'y aurai employés. A la vérité l'exécution de ces problêmes ne sauroit servir qu'au faste des grandes Nations ou à leur besoin. Mais le devoir de Citoyen & les soins de rétablir & embellir le patrimoine de mes peres me fourniront , j'espere , cette occasion dans ma Patrie & dans ma retraite.

EXAMEN
PHYSIQUE ET CHYMIQUE
DU ROCHER;

Par le Comte J. B. CARBURI, Médecin-Consultant du Roi, de Madame, & de Madame la Comtesse d'Artois; ancien Professeur de Médecine-pratique de l'Université, & Médecin de l'Hôpital Royal de Turin; Membre des Sociétés Royales de Londres & d'Edinbourg, &c.

IL est difficile d'entendre parler de ce Rocher sans se demander à soi-même de quel genre de pierre il est, & pourquoi on le trouve dans un marais à vingt ou trente lieues des montagnes, & d'une figure presque réguliere? Cette curiosité, commune à tous ceux qui ont quelque aptitude à l'instruction, a fait desirer encore plus vivement aux Naturalistes l'examen de ce Rocher.

Mon frere, qui a su le transporter, n'avoit pas les connoissances nécessaires pour l'examiner. La nature fait quelquefois, presque seule, un Méchanicien; mais elle ne fait un Naturaliste qu'avec le secours d'une instruction suivie long-temps, & de l'habitude d'appliquer ses sens & de méditer sur les objets qui appartiennent à cette science.

Mais, ayant la disposition & la patience qui rendent propre à l'observation, & étant obligé de voir ce Rocher presque tous les jours pendant deux ans, & de tant de manieres, soit au dehors, soit intérieurement, je l'ai trouvé en état de satisfaire au plus grand nombre des questions que je lui fis.

Par ses réponses, & par l'examen que j'ai fait moi-même de ce Rocher, dont il m'apporta à Paris des morceaux considérables, j'ai pu former quelques conjectures sur son origine & sur sa nature. Ce sont non-seulement toutes ces observations réunies, mais aussi ces conjectures que je présente aux Naturalistes, par le plaisir de satisfaire à leur innocente curiosité, & avec la déférence qu'inspirent les découvertes dont ils enrichissent la science intéressante qu'ils cultivent.

Ce Rocher étoit enfoncé de quinze pieds dans un marais : il étoit environné de bouleaux & de pins, qui font les arbres les plus communs dans ces marais, auffi bien que le tilleul fauvage. Il étoit tout couvert d'une mouffe très-touffue de la hauteur d'environ un pouce & demi, tel qu'on le voit à la planche onzieme, figure premiere, lettre F. S'il n'avoit pas eu à l'une de fes furfaces, B, la convexité & la concavité qu'on y voit, & qu'on peut mieux voir à la planche cinquieme, figure premiere, & fi fes quatre angles n'avoient pas été un peu arrondis dans toute la hauteur du Rocher, ç'auroit été un parallélépipede parfait. Il avoit quarante-deux pieds de long, vingt-fept de large & vingt-&-un de hauteur, dont fix pieds étoient hors de la terre, & fa furface fupérieure étoit parfaitement horizontale.

Dans la direction A F il étoit fendu dans toute fa hauteur, & il étoit placé de maniere que cette fente fuivoit la direction du nord au fud. Cette fente avoit environ un pied & demi de large, & étoit prefque toute remplie de terre végétale noire. Les payfans difoient, par tradition, que c'étoit la foudre qui avoit ainfi divifé ce Rocher, quoique ni les plus âgés, ni leurs peres, n'euffent jamais dit avoir vu cette pierre en fon entier. Tous les bords de ces deux maffes, dans cette fente, étoient fort aigus & tranchans, comme fi elle avoit été faite peu de temps auparavant par une violence affez grande pour fendre fubitement & facilement le Rocher. Dans le creux de cette fente, quatre à cinq arbres de bouleau étoient enracinés, & avoient vingt à vingt-cinq pieds de hauteur. Quelques petits bouleaux avoient pris racine auffi dans la mouffe.

Ayant fait ôter la mouffe, on vit à la furface de la pierre des cryftallifations éparpillées dans les endroits où la même figure les indique par les taches blanches qu'on y voit. Ces cryftaux étoient très-fortement adhérens à la pierre, de forte qu'il falloit les caffer pour les en féparer. Quelques-uns y étoient enfoncés de la moitié, d'autres plus, & d'autres moins. Ils étoient prefque tous tranfparens, les uns clairs comme le cryftal de roche, d'autres laiteux, d'autres bruns : il y en avoit auffi, quoiqu'en plus petit nombre, qui étoient noirâtres. Les plus gros cryftaux étoient de la grandeur des noifettes : ils étoient prefque tous plus durs que le cryftal de roche de Suiffe ; & on n'a pas trouvé dans aucun d'eux aucune figure réguliere. Les autres cinq furfaces du Rocher n'avoient aucun veftige de cryftallifation.

La furface de la pierre, dans toute la portion qui reftoit hors de la terre, étoit de couleur gris de cendre, & prefque telle qu'on la voit à cette figure même. Dans la furface fupérieure, on voyoit des trous à-peu-près hémifphériques, dont les plus grands avoient environ trois quarts de pouce de profondeur. Il paroit que les gouttes de pluie tombant des branches des arbres qui environnoient le Rocher, & dont plufieurs avoient plus

de cinquante pieds de hauteur , peuvent les avoir creufés. Dans tout le
refte des furfaces qui reftoient expofées à l'air , il y avoit auffi des exca-
vations très-petites , & dont la profondeur étoit environ de deux lignes.

Sur cette furface fupérieure du Rocher, il y avoit environ trente plaques
ou écailles du même Rocher : les plus groffes, qui étoient près de l'angle
du Rocher F , n'avoient pas un pied & demi d'épaiffeur ; les plus minces en
avoient environ un pouce ; la plupart étoient petites ; quelques-unes avoient
jufqu'à fix pieds de long , & jufqu'à trois ou quatre pieds de large : tout
cela paroiffoit confirmer la tradition d'un coup de foudre , qui , en divifant
en deux grandes maffes le Rocher , a auffi produit à fa furface , & fur-
tout près de la fente, tous ces éclats.

La premiere couche dans laquelle le Rocher étoit enfoncé étoit une
terre graffe , noirâtre , limoneufe , de quatre à cinq pieds de profondeur.

Après cette couche , il en fuivoit une feconde de la même profondeur ,
qui étoit de terre glaife d'un gris de cendre , mêlée avec du gros & du
petit gravier de différentes efpeces , & des cailloux qui avoient depuis
quelques lignes jufqu'à quatre ou cinq pieds de diametre. Quelques-uns de
ces cailloux , grands & petits , mais fur-tout les plus gros, étoient de la
même nature que le Rocher : les autres étoient homogenes, très-durs ; les
uns gris de cendre, les autres noirâtres ; d'autres rouges & blancs comme
le porphire.

La troifieme couche avoit trois ou quatre pieds de profondeur ; elle
étoit d'une terre glaife plus brune que la précédente , & mêlée avec une
plus grande quantité de gravier & un plus grand nombre de cailloux de
la même nature & des mêmes différences que les précédens, mais beaucoup plus petits.

La quatrieme couche , qu'on fit creufer jufqu'à la furface inférieure du
Rocher, étoit une terre glaife de couleur de rouille de fer , qui devenoit
d'un rouge vif éclatant par le feu que les ouvriers faifoient deffus pour
s'échauffer. La feconde couche de terre , dans les fortes gelées , devenoit
fi dure , que les coins & les maffes de fer s'ufoient très-promptement en la
brifant : ils la caffoient fi mal, qu'il falloit fe contenter de la féparer en
petits morceaux. Le feu violent qu'on a été obligé de faire fur cette couche ,
pour l'ôter plus facilement, rendoit auffi cette terre rouge , mais d'un rouge
beaucoup moins vif que celui de la quatrieme couche dont je viens de
parler. Ce travail devenoit fi pénible & fi long , que dès que cette terre
gelée fut enlevée , il fallut augmenter affez le nombre des ouvriers pour
que la gelée n'eût pas le temps d'endurcir au même point la terre qui
reftoit à ôter.

Cette

Cette quatrieme couche contenoit aussi , comme les précédentes , du gravier & des cailloux de la même nature , mais plus petits , enforte que les plus gros étoient comme des œufs d'oie. Tous les cailloux qui étoient de la même nature que le Rocher étoient , au dehors , de la couleur de la couche de terre qui les contenoit.

On n'a pas frappé avec l'acier un feul de tous les cailloux trouvés dans toutes ces couches, sans avoir d'abord des étincelles abondantes.

La surface du Rocher qui restoit exposée à l'air étoit , comme on l'a dit plus haut, d'une couleur gris de cendre. A mesure qu'on approchoit du fond du Rocher, la couleur devenoit toujours plus brune , comme devenoit la terre glaise dans laquelle il étoit enfoncé. Elle ressembloit à la couleur du fer rouillé , & elle étoit encore plus foncée à la surface qui étoit couchée à plat. Cette même surface inférieure étoit aussi unie qu'une planche. Les quatre autres surfaces du Rocher , qui restoient couvertes par la terre, étoient aussi assez égales & unies , mais moins à proportion qu'on approchoit des couches supérieures.

Lorsqu'on renversa le Rocher, la terre où il posoit étoit si adhérente à sa surface , qu'on avoit de la peine à la détacher , même à coups de masses de fer. La couleur de cette terre étoit encore plus brune que la couleur qu'avoit la surface de la pierre à laquelle elle étoit attachée.

En faisant travailler pour ôter des quartiers de ce Rocher , on remarqua que la couleur uniforme de rouille de fer de sa surface étoit aussi la couleur intérieure de la pierre jusqu'à une certaine épaisseur ; & dans cette partie , la pierre étoit une matiere homogene. Cette épaisseur étoit d'environ trois à quatre lignes dans la face du Rocher qui posoit sur la terre , & diminuoit à mesure qu'on approchoit de la surface opposée , dans laquelle elle se trouvoit réduite environ à moitié. Toute cette partie étoit aussi dure que le reste du Rocher : le briquet, frappant la surface extérieure, en tiroit facilement des étincelles abondantes , & elle étoit aussi adhérente au reste de la pierre que les parties de la pierre même l'étoient entre elles. La couleur de la substance , que l'on vient de décrire , étoit plus foncée à mesure qu'on approchoit de sa surface extérieure , & devenoit insensiblement plus pâle à mesure que cette substance alloit se confondre avec celle du Rocher.

Les ouvriers avoient une grande difficulté à entamer le Rocher, & surtout à égaliser sa base qui devoit poser sur les fondations, à cause de la grande dureté de la pierre. On leur a facilité cet ouvrage en appliquant à cette surface, qui devoit être très-unie, un feu de charbon très-violent, & soutenu par l'action de deux grands soufflets de forgeron. A mesure que le feu agissoit sur la pierre, elle blanchissoit d'abord, ensuite elle se séparoit en crevasses, puis elle se boursoufloit, & enfin tomboit en forme

K

de pâte laiteuse, vitrifiée & luisante. Tous ces passages de l'état de pierre à l'état de verre se faisoient environ en huit heures de temps.

On fit examiner cette pierre par M. Model, Directeur des Apothicaireries Impériales, & célebre par son intelligence dans la Chymie. Tout ce qu'on en a pu savoir, c'est que la pierre étoit un granit, & qu'à un feu violent elle se réduisoit à un verre verdâtre ; ce qui n'étend pas la connoissance qu'on a des granits, & satisfait encore moins la curiosité sur la nature & l'origine de cette pierre.

Ce granit est un assemblage de feld-spath, d'une petite quantité de mica, de schorl, & de quartz, ou cristaux transparens, ou demi-transparens, limpides comme le cristal de roche clair, ou violets, ou jaunâtres, ou verdâtres, ou noirâtres, ou laiteux. On verra dans la suite quelle est la cause la plus vraisemblable de ces couleurs. On peut voir les proportions que ces trois substances avoient près des surfaces du Rocher dans la planche onzieme, figure seconde, qui représente un morceau de granit poli, & dans laquelle les grandes parties claires représentent le spath, les obscures le quartz, & les plus petites le mica, ou le schorl. Comme le Graveur avoit copié un morceau de ce granit qui avoit la forme d'un livre, il lui a été impossible ensuite d'ôter tout-à-fait à sa planche les lignes paralleles aux bords qu'on y remarque. Toute cette matiere cristalline, ou quartzeuse, est d'autant plus dure, & en masses d'autant plus petites, qu'on s'éloigne des surfaces du Rocher, & qu'on approche de son centre.

Le poids de deux gros de ce quartz, pilé grossiérement, & mis à un feu de fusion qui fond la limaille de fer en quinze minutes, perdit dans le même temps toutes sortes de couleurs, & devint très blanc & opaque, à l'exception d'une très-petite portion qui étoit claire & transparente comme l'eau. Comme quelques petits morceaux de ce quartz étoient tant soit peu agglutinés les uns aux autres, & plus unis dans leurs surfaces, j'ai voulu voir si un feu plus grand ne donneroit pas à cette matiere un degré plus marqué de vitrification : mais, l'ayant remise pendant le même temps au même feu, elle resta telle qu'elle étoit. L'esprit de vitriol, ainsi que l'eau-forte, appliqués à ce quartz, avant qu'il eût souffert l'action du feu, n'exciterent qu'un très petit nombre de bules, & devinrent tant soit peu laiteux ; mais ils ne changerent point, & n'exciterent aucune bule étant versés sur le quartz qui avoit été exposé au feu.

Le feld-spath étoit aussi plus dur & en masses d'autant plus petites, qu'on approchoit plus du centre du Rocher, & il étoit beaucoup plus abondant vers toutes les surfaces. Toute la surface B du Rocher n'étoit que feld-spath, & ne contenoit presque point de quartz, ni de mica, ni de schorl, environ dans les premiers deux pouces d'épaisseur ; ce qu'on a remarqué dans les entailles que l'on a faites pour appliquer les arcsboutans & les anneaux,

& dans plufieurs morceaux qu'on détacha, par curiofité, de cette même face. On la préféroit aux autres, parce qu'elle étoit plus homogene, cou-leur de chair, & qu'elle prenoit un beau luifant poli & chatoyant. Les cailloux, qui étoient de la même matiere & autour du Rocher, avoient d'autant moins de quartz qu'ils étoient plus petits. Ceux-ci étoient prefque fans quartz ; & plus ils étoient petits, plus facilement ils fe fendoient en les jettant avec violence contre un autre caillou.

Ce fpath eft un affemblage de lames extrêmement minces & paralleles. On les voit avec une loupe, non-feulement dans les furfaces oppofées du morceau qu'on examine, mais auffi dans les furfaces qui fe touchent par la ligne qui leur eft commune. C'eft à cette ftruêture que l'on doit l'ar-gentin chatoyant qu'acquierent dans tous leurs points les furfaces convexes ou concaves des pierres formées de ce fpath, & polies ; & c'eft proba-blement à la même ftruêture que toutes les pierres chatoyantes doivent cette propriété.

Ce fpath eft en général d'une couleur de chair pâle, & moins pâle dans les furfaces que dans l'intérieur du Rocher : en général il eft opaque ; mais j'en ai rencontré qui avoit un degré de tranfparence, fouvent affez grand, & j'en ai obfervé auffi qui paffoit infenfiblement de l'opacité parfaite à la demi-tranfparence que je viens de dire, fans perdre fa ftruêture feuilletée. Les portions demi-tranfparentes coupent le verre auffi facilement que le quartz cryftallifé de ce granit le moins dur. Parmi un grand nombre de morceaux de ce fpath, j'en ai obfervé plufieurs qui affeêtoient évidemment la figure rhomboïdale.

Un gros de ce fpath, pilé groffiérement, & mis, pendant quinze minutes, au même feu de forge concentré, perdit toute couleur ; il devint très-blanc & opaque, s'aglutina beaucoup plus, & devint beaucoup plus luifant que le quartz n'avoit fait. L'ayant remis au même feu pour le même temps, fa blancheur augmenta, il s'aglutina davantage, & fa furface fupé-rieure prit la couleur & le luifant de la plus belle & de la meilleure por-celaine. A cette furface, examinée avec la loupe, on voyoit des bulles très-petites & innombrables. En quelque endroit que l'acier frappât cette vitrifica-tion, elle donnoit des étincelles abondantes. L'efprit de vitriol & l'eau-forte, verfés fur ce fpath, même avant qu'il allât au feu, produifirent les mêmes effets que fur le quartz. L'eau-forte même bouillante ne fépara aucune terre de ce fpath, car l'huile de tartre ne précipita rien de cette eau étendue avec de l'eau diftillée.

Tout ce qui n'eft ni quartz ni feld-fpath dans ce granit, eft en fort petites maffes compofées de lames minces, qui fe divifent en d'autres lames encore plus minces ; mais elles font noires & luifantes, communément, à propor-tion qu'elles font plus petites ; & elles font d'un noir terne, verdâtre, brun

& même grisâtre ; presque à proportion qu'elles font plus grandes. Ces dernieres ne se trouvoient que près des surfaces du Rocher , & sur-tout parmi
les plus grands morceaux de feld-spath. Quelques-unes de ces petites masses,
& fur-tout les plus noires & plus luisantes , ont leurs lames beaucoup plus
adhérentes , plus difficiles à distinguer , & plus irregulieres. Ni l'eau-forte,
ni l'acide vitriolique concentré ,n 'eurent la moindre action sur cette matiere :
mais , en l'exposant pendant quinze minutes au feu de fusion dont j'ai parlé ,
elle s'aglutina très-foiblement en plusieurs charbons très-poreux, feuilletés ,
très-noirs, non luisans, & n'ayant presque aucun signe de fusion. Ce défaut
de fusion me fit croire que toute cette matiere n'étoit que du mica. Mais
M. Le Sage a vu dans ce granit du schorl aussi (a) , & m'a dit l'avoir séparé
du mica, & fondu tout seul en verre. Ce sont les masses plus noires , plus
luisantes , & composées de lames plus adhérentes , plus compactes & moins
regulieres qui sont le schorl. Mais pourquoi le schorl & le mica, unis ensemble,
n'auroient-ils donné presque aucun signe de fusion ? C'est très-probablement
parce que le schorl étant en masses plus petites , & plus difficiles à séparer
du granit, on avoit choisi & rassemblé presque uniquement du mica, d'autant plus qu'on avoit séparé ces matieres noirâtres des portions de granit
dans lesquelles le feld-spath étoit plus abondant.

Le granit lui-même , étant pilé , rendit tant soit peu laiteuse l'eau - forte
appliquée froide. Cette même liqueur bouillante étant étendue avec de l'eau
distillée , sépara de ce granit une terre qui , par l'huile de tartre, se précipita lentement & assez abondamment en flocons blancs de lait. Comme
cette analyse a été faite à la hâte , & sur une petite quantité de matiere ,
on n'a pas eu la commodité de déterminer l'espece de cette terre absorbante. Ce même granit donna une couleur brune à l'acide vitriolique concentré & froid, lequel devint, en quelques semaines de temps, de couleur d'hyacinthe foncée. Cet acide bouillant donna des vapeurs d'acide
sulphureuses ; & étant délayé avec l'eau distillée ,versée goutte à goutte ,
puis saturé avec l'huile de tartre, il se précipita promptement au fond du
verre une grande quantité de terre absorbante. Deux gros de ce granit pilé
furent mis au même feu de fusion pendant une demi-heure : le feu fondit en
verre transparent la premiere couche du creuset de Cassel qui contenoit le
granit ; & ce granit fut converti en une matiere vitrée , opaque , noire ,
remplie de cellules sphériques de différens diametres , & toute parsemée de
parties qui avoient la même blancheur de lait qu'avoit le spath mis au feu
tout seul. On distinguoit , dans ces parties blanches, le quartz , qui étoit
d'un blanc mat , moins luisant, & sans aucune bulle, d'avec le feld-spath , qui
étoit plus vitreux , plus luisant , & contenoit des petites bulles. Toute cette
vitrification, frappée avec l'acier, donnoit aussi des étincelles abondantes.

(a) Elémens de Minéral. sec. édit. T. I, pag. 177.

Quoique

Quoique j'euffe lieu d'être fatisfait de ces effais , que M. Cadet, de l'Académie des Sciences , eut la complaifance de faire fous mes yeux , j'ai fait auffi mettre un morceau du poids d'une once de ce granit dans un étui à porcelaine , & placer cet étui au feu le plus violent du four à porcelaine dure de la Manufacture de M. Laucré , au Fauxbourg du Temple. Ce granit, étant demeuré fans interruption pendant trente heures dans ce feu , fe changea en une matiere décidément vitreufe, qui, quelque part qu'on la frappât avec l'acier, donnoit facilement des étincelles. Au fond & aux parois de l'étui , il y avoit une couche de cette matiere qui étoit mince comme une feuille de papier épais , & d'un blanc mat & opaque. Prefque toute la partie fupérieure de la même matiere étoit couverte d'une couche d'émail encore plus mince que celle dont je viens de parler : elle avoit la couleur de rouille de fer ; elle étoit unie , uniforme , luifante, fans aucune bulle ; & vue à un certain jour, fur - tout obliquement & avec la loupe , elle avoit , principalement dans quelques portions , l'afpect de la plus belle aventurine. Tout le refte de cette vitrification étoit de trois fubftances : l'une étoit très-noire , luifante , précifément comme le verre de volcan , & avoit un grand nombre de cavités fphériques de différens diametres. Cette fubftance étoit le mica & le fchorl mêlés & complettement fondus enfemble. Ce verre noir contenoit une quantité de petits corps d'un blanc mat , opaque & uniforme, dans lefquels il n'y avoit aucune cellule , & dont quelques-uns approchoient de la figure rhomboïdale. Ces petits corps étoient le quartz. Le feld-fpath enfin étoit en plus grandes maffes, d'une matiere beaucoup plus vitreufe que le quartz, blanche , demi-tranfparente , & toute remplie de cavités fphériques de différens diametres, qui, dans les endroits qui étoient plus vitrifiés & tranfparens , avoient l'afpect de bulles d'air. Quel eft le fluide qui fait ces bulles ? pourquoi n'y en avoit-il aucune dans le quartz , ni dans la couche d'émail qui étoit à la furface ? & pourquoi font-elles plus grandes dans les vitrifications , comme dans les ébullitions plus avancées, quoique dans les vitrifications complettes elles difparoiffent ? Quelles font les matieres qui font venu former , à la partie fupérieure de cette maffe vitreufe , la couche de couleur de rouille de fer dont j'ai parlé , & d'où ces matieres font-elles venues ? Eft-ce du fer fourni par la terre de l'étui à porcelaine, ou par le granit ? Quant au jaune doré, luifant & chatoyant d'aventurine qu'avoit cette couche , j'ai vu avec plaifir , chez M. Le Sage , qu'il vient du fer qui s'y eft uni ; car , ayant écrit avec de l'encre fur de la pâte de porcelaine , il trouva & me montra que les caracteres avoient pris , par le feu de la cuiffon de cette pâte , à-peuprès le même coup-d'œil d'aventurine.

L

Soit le granit, soit les matieres qui en ont été séparées, c'est-à-dire le quartz, le spath & le mica (car on vient de voir qu'on n'avoit presque pas séparé de schorl du granit), contiennent des particules de fer que l'aimant s'attache promptement.

L'aimant, passant sur ces matieres grossiérement concassées, en sépare une assez grande quantité du feld-spath, un peu plus du mica, & une plus grande quantité du quartz. Presque tout ce fer vu à la loupe est en glo-bules très-petites, la plupart d'un noir comme celui de la poudre à canon, & les autres d'un noir luisant. Sur l'aimant qui avoit passé sur le quartz, j'ai vu aussi trois ou quatre particules de fer, qui avoient la forme de pelli-cules fort concaves d'un côté, & fort convexes de l'autre. Dans toutes ces pellicules, la surface concave étoit d'un blanc d'étain luisant, & la convexe de la couleur du fer. Ne seroient-ce pas ces pellicules qui, faisant une écorce aux crystaux de quartz, leur donnent les couleurs qu'ils ont l'air d'avoir eux-mêmes avant que d'être polis, ou avant que d'avoir été au feu? Mais, ce qui est fort singulier, c'est que le fer attiré par l'aimant, & séparé du granit pilé, n'est pas en graines, mais presque tout en lames très-petites & très-fines de couleur noire de fer, non luisantes. Après avoir été long-temps à chercher quelque cause de cette différence, j'ai remarqué que le granit étoit détaché du corps du Rocher, au lieu que le quartz étoit pris dans la veine, & le spath & le mica aux côtés de la veine dont je vais parler. Ces matieres y étoient beaucoup moins mêlées, & par conséquent beaucoup plus faciles à séparer l'une de l'autre.

Avant que de renverser le Rocher A B F, planche onzieme, figure premiere, on a fait enlever sa petite portion A C F. Dès qu'elle fut enle-vée, le Rocher restoit comme on le voit à la figure troisieme, & il montroit à sa surface intérieure la veine pyramidale A B, que je viens d'indiquer. Cette veine étoit toute remplie de quartz, dont les crystaux étoient plus gros ici que par-tout ailleurs, excepté à la surface supérieure de la pierre C B, figure premiere. Ils étoient aussi plus aisés à se déta-cher les uns des autres, & plus colorés.

Je n'ai d'abord pu voir aucune figure réguliere, ni aucune structure déterminée à ces crystaux, non plus qu'aux autres dont j'ai parlé plus haut; mais, après avoir vu que plusieurs morceaux de ce spath passoient insensible-ment de l'opacité à la demi-transparence, je n'ai pu m'empêcher de soup-çonner que le quartz & le spath n'eussent la même structure; & en exami-nant un grand nombre de ces crystaux, j'en ai en effet vu plusieurs qui affectoient, quoique moins évidemment, la figure rhomboïdale, & qui étoient évidemment composés de lames très-minces. Un Jouaillier, à Pé-tersbourg, avoit cassé obliquement à un angle un diamant que mon frere lui avoit donné à monter, en le tirant mal-adroitement, avec des pinces, du chaton qui le retenoit : il a vu à cette caffure un grand nombre de lames très-vifibles à fes yeux, même fans loupe. Cela lui parut extraordinaire, jufqu'à ce qu'il ait vu à Amfterdam ce grand nombre d'ouvriers occupés à divifer en lames très-minces les diamants, avec un petit couteau très-mince qu'ils frappent avec un petit marteau de bois. Après en avoir examiné un très-grand nombre, j'ai enfin trouvé dans un de ces cryftaux de la veine, qui avoit une écorce violette, une furface quarrée-longue, jointe par un de fes bouts à une furface triangulaire, qui y étoit inclinée précifément comme dans le cryftal de roche. On ne fauroit fe rappeller fi le fpath ou le mica manquoient tout-à-fait parmi ces cryftaux de la veine, ou s'il y en avoit quelques petites portions. Il eft connu que la matiere extérieure & opaque des cailloux qui ont des cryftaux tranfparens dans leurs cavités, n'eft pas ordinairement mêlée aux cryftaux mêmes, ou ne l'eft qu'en fort petite quantité.

Cette veine étoit divifée inégalement en deux parties, dont une A B, planche onzieme, figure troifieme, & planche douzieme, figure feconde, reftoit au Rocher ; & l'autre, C D, figure feconde, à la portion du Rocher qui avoit été enlevée. Lorfque, pour donner la forme requife au Rocher, on le fit fendre en C D, planche onzieme, figure troifieme, & que la portion C A D fut ôtée, on vit que la fection tranfverfale de toute cette veine étoit à-peu-près un quarré, dont la moitié, repréfentée par le quarré-long, planche douzieme, figure feconde, lettre A, avoit environ dix pouces dans la direction C D, planche onzieme, figure troifieme, & environ cinq pouces de profondeur. A fon extrémité A, figure troifieme, toute la veine avoit environ douze pouces en quarré, c'eft-à-dire joignant fa partie A B, planche douzieme, figure feconde, qui reftoit au Rocher, à fa partie C D, *ibid.* qui reftoit à la portion du Rocher A C E, planche onzieme, figure premiere, & C E D, planche douzieme, figure feconde. C'eft dans cette fection tranfverfale C D, figure troifieme, planche onzieme, que l'on a auffi remarqué que les parois de la pyramide étoient prefque tous fpath. Ces obfervations font foupçonner que cette veine pyramidale étoit quarrée dans toute fa longueur ; mais comment l'affirmer, n'ayant pas fait attention aux profondeurs du quartz qu'on enleva dans différentes parties de la veine, lorfqu'on ôta des deux maffes du Rocher la quantité des matieres néceffaire spour les égalifer, & leur donner les mefures requifes ?

Cette veine commençoit en A, planche onzieme, figure troifieme, & planche douzieme, figure premiere, environ à trois pieds de diftance de la bafe C D E F *ibid.* du Rocher, & à trois pieds de diftance de fa furface D G H E, *ibid.* Lorfqu'elle étoit élevée jufqu'à trois pieds de diftance de la furface fupérieure du Rocher G H I K , & jufqu'à deux pieds environ de la ligne G H , planche onzieme , figure troifieme , c'eft-à-dire de la fente L M , planche douzieme , figure premiere , elle fe perdoit dans le Rocher , & on en revoyoit le fommet ayant l'épaiffeur d'environ un pouce à la furface C D G K , planche douzieme , figure premiere. Ce fommet de la pyramide , qui étoit environ à un pied & demi de diftance de la furface fupérieure I F H D , planche onzieme , figure troifieme , & K G H I , planche douzieme , figure premiere , eft indiqué par les points N , *ibid.* & par les points E , planche onzieme , figure premiere. Il étoit auffi à la même diftance de la furface I G , figure troifieme , *ibid.* & C K I F , planche douzieme , figure premiere. Cette veine fuivoit donc la direction de la fente A F , planche onzieme , figure premiere : elle montoit en droite ligne jufqu'à B , figure troifieme , & planche douzieme , figures premiere & feconde , & finiffoit en N , *ibid.* aux diftances que j'ai déja remarquées de la furface I G , *ibid.* & de la furface I C , *ibid.* Alloit-elle de B en N , planche douzieme , figure premiere , dans une ligne droite , ou autrement ? C'eft ce que l'on n'a pas obfervé. Les points marqués en E , planche onzieme , figure premiere , & en I , figure troifieme , indiquent le même bout de la veine marqué à fa place en N , planche douzieme , figure premiere , & les deux points marqués en D , planche onzieme , figure premiere , indiquent le même endroit marqué B dans la figure troifieme , *ibid.* & planche douzieme , figures premiere & feconde , dans lequel la veine fe perdoit.

Doit-on croire que c'eft la direction de cette veine qui a déterminé la divifion de ce Rocher en deux portions ? A-t-elle déterminé cette divifion par quelque force intérieure particuliere à la veine , par exemple , par l'air , ou par l'eau qu'elle contenoit , ou par l'effort de la cryftallifation des matieres quartzeufes , ou bien la foudre a-t-elle pris la route de la veine par la propriété de l'angle du Rocher , & par l'abondance du fer & de la matiere ferrugineufe colorante qu'elle contenoit , & par l'air qu'elle a violemment raréfié ? N'eft-ce pas à caufe de cela que le fer étoit fondu en petits globules attirables dans ce quartz , & en paillettes également attirables dans le refte du Rocher ?

Comment cette veine s'eft-elle formée , fi ce granit , comme on le croit des autres , eft un affemblage de pierres préexiftantes cimenté par une matiere commune , qui , de liquide , eft devenue auffi dure que ces pierres mêmes ? Laquelle de ces trois matieres du Rocher eft celle qui a cimenté les autres ? & pourquoi toutes ces fubftances font-elles en maffes plus petites à mefure qu'on pénetre dans l'intérieur du Rocher ? Comment cette maniere de conftruire les granits a-t-elle pu donner à celui-là la forme parallélépipede qu'il avoit à peu de chofe près , & la fubftance dont j'ai dit qu'il étoit revêtu ?

Je

[45]

Je ne doute pas que les Naturaliftes ne voient, dans tout ce qui appartient à cette maffe, d'autres raifons de croire qu'elle n'a pas été féparée d'une maffe femblable, mais que la nature l'a compofée toute feule & ifolée, comme elle forme tant d'autres pierres, & nommément celles qu'on appelle cailloux, & qui ont des couches concentriques, des croûtes & des enveloppes d'une fubftance qui, malgré fa couleur différente, a cependant à-peu-près la même dureté que la pierre à laquelle elle eft adhérente & continue.

Mais, outre cela, n'eft-on pas tenté de foupçonner que, dans la formation fucceffive de cette maffe, ce qui étoit croûte devenoit granit, & ce qui étoit terre devenoit croûte, comme on l'a déja foupçonné de quelques cailloux ?

N'eft-on pas auffi tenté de croire, d'après les faits que j'ai rapportés, que dans l'élaboration de cette maffe, ce qui étoit fpath devenoit quartz ? Ils affectent tous deux la figure rhomboïdale ; la ftructure de chacun eft la même : l'on voit fouvent le même morceau paffer infenfiblement de l'état de fpath à celui de quartz ; & dans ce paffage la dureté & la tranfparence de l'un & de l'autre font peu différentes. Tout le Rocher étoit environné de cailloux, dont un grand nombre font de la même nature & de la même couleur que le Rocher ; mais ils ont moins de quartz, & font moins durs à proportion qu'ils font plus petits, quoique tous donnent aifément des étincelles.

Ne paroit-il pas que c'eft dans la terre même où on les trouve que fe font élaborés & ces cailloux, & ce Rocher, & les cailloux de différentes couleurs qu'on trouve dans fes couches ? Le fer, qui eft un produit de la végétation, qui abonde par conféquent dans les marais, & qui eft très-abondant dans celui-ci, ne peut-il pas être, par des élaborations ultérieures, un des coopérateurs de toutes ces maffes ?

Tout le pays, à trois ou quatre lieues de diftance de ce Rocher, eft marécageux, très-abondant en cailloux de la même nature que le Rocher, lefquels font tranfportés à Pétersbourg pour en faire des focles de maifon, des efcaliers, des bafes de colonnes, & des colonnes même. Une partie du quai de la ville eft faite de ces cailloux. Le fer, foit en mine, foit dans le limon, eft auffi tellement abondant dans toute cette étendue de pays, que Pierre Premier y a établi les martinets fameux de Cifterbek vis-à-vis de Cronftadt, qui fourniffent abondamment du fer de la meilleure qualité pour l'armée & pour la flotte.

Le golfe de Finlande eft rempli de petites îles, defquelles on tire en grande quantité du granit de couleur gris de cendre, duquel on n'a obfervé autre chofe, fi ce n'eft qu'il eft en carriere & en couches, dont quelques-unes ont jufqu'à cinq & fix pieds d'épaiffeur. C'eft de ce granit que l'on fe

M

fert pour les focles des grandes maifons de Pétersbourg ; pour conftruire le quai de la ville , & pour d'autres grands édifices.

Le lac de Ladoga fournit auffi en grande quantité différens marbres & granits , avec lefquels on bâtit la belle Eglife d'Ifaac , & une très-belle maifon près du quai. Il eft fort à fouhaiter que M. Palas, qui a déja tant enrichi l'Hiftoire Naturelle par fon voyage en Sybérie , foit dans le cas de l'examiner.

F I N.

TABLE
DES ARTICLES.

Fin de la Table des Articles.

De l'Imprimerie de STOUPE, rue de la Harpe, vis-à-vis la rue Saint-Severin. 1777.

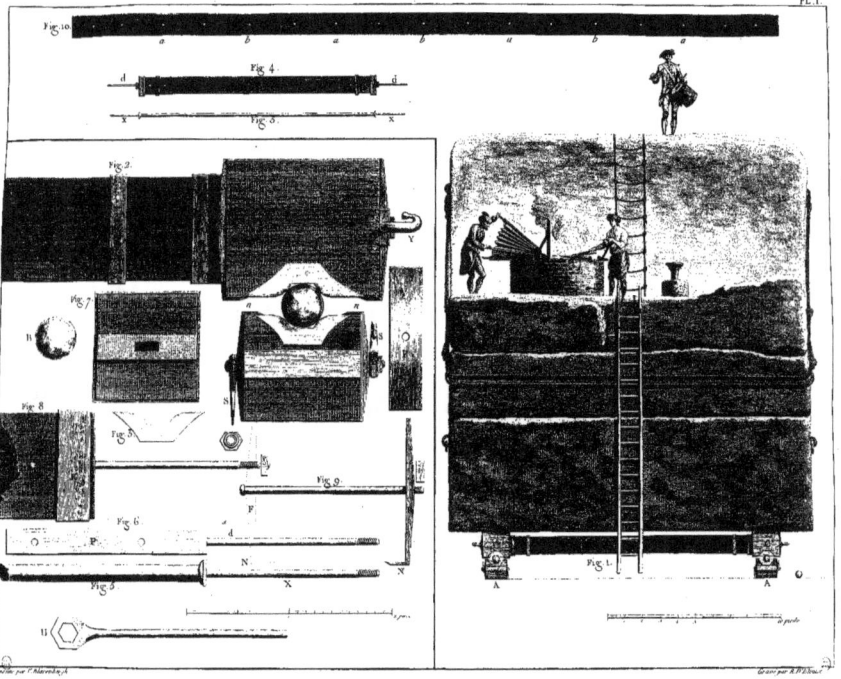

PL. I.

Fig. 10.

Fig. 4.

Fig. 3.

Fig. 2.

Fig. 7.

Fig. 8.

Fig. 5.

Fig. 9.

Fig. 6.

Fig. 1.

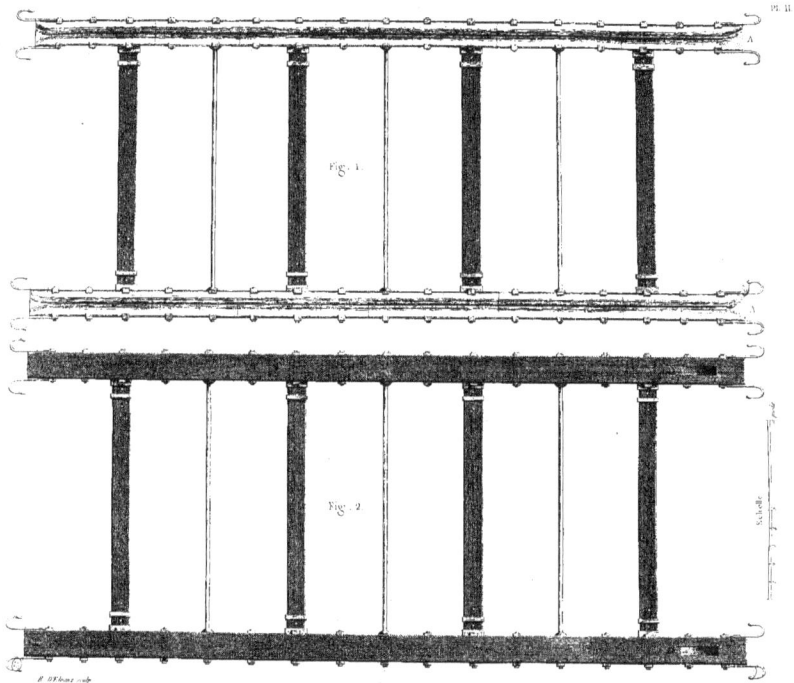

Pl. II

Fig. 1.

Fig. 2.

III.

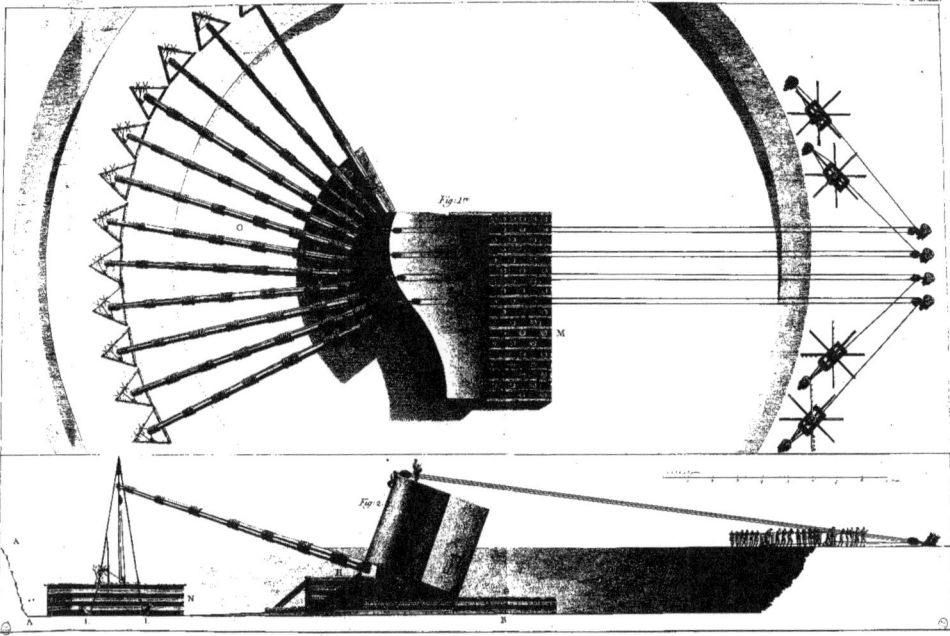

Pl. III.

Fig. 1re

Fig. 2

Pl. IV

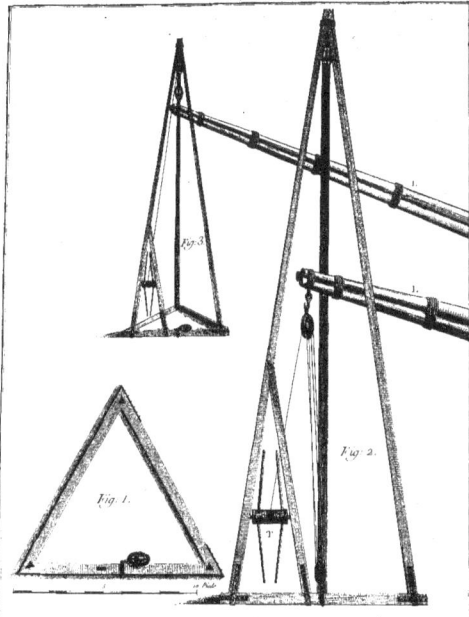

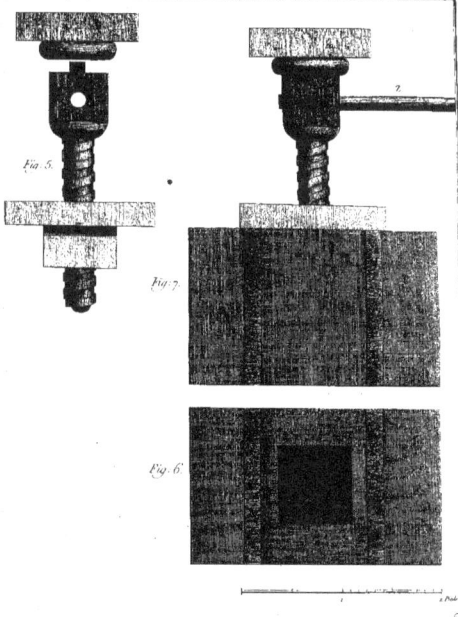

Fig. 3.

Fig. 1.

Fig. 2.

Fig. 5.

Fig. 7.

Fig. 6.

PL. V

Fig. 2.

Fig. 1.

Echelle

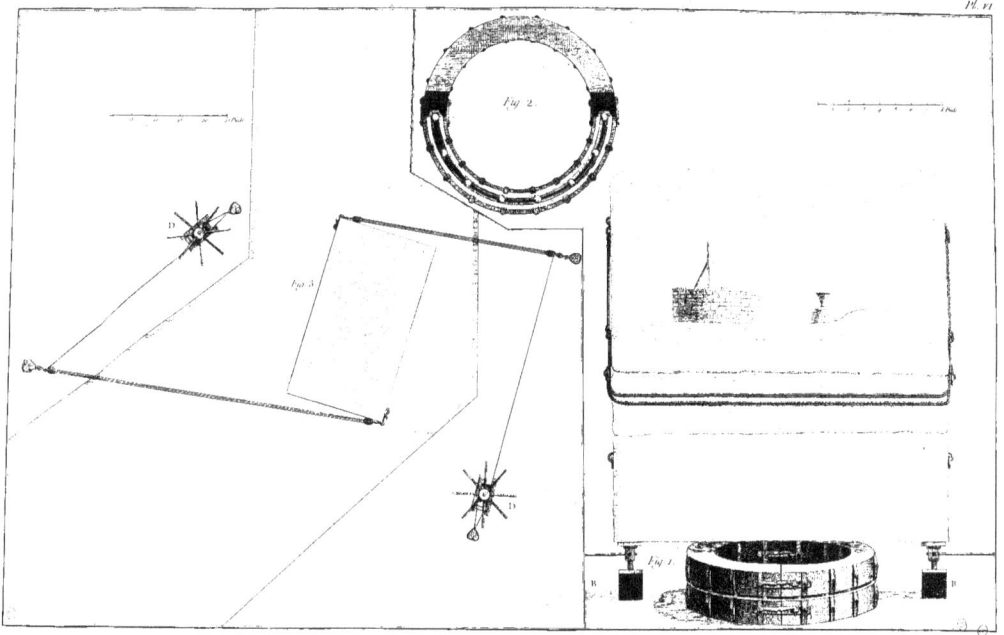

Pl. VI

Pl. VII

Fig. 2

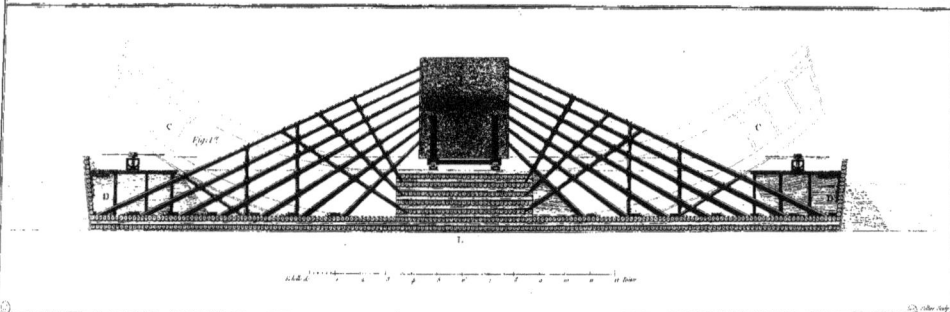

Fig. 1

C   C

D

I.

Eche d.   et Deme

X.

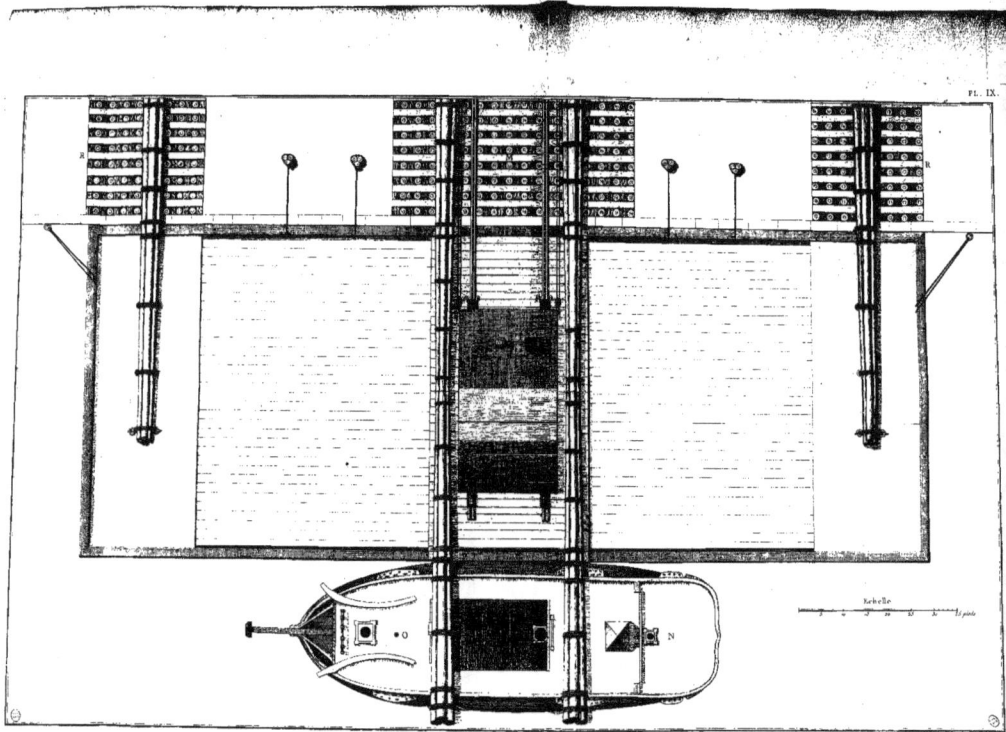

Pl. X.

Pl. XV.

Fig. 3.

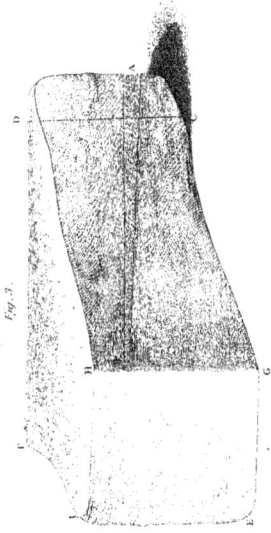

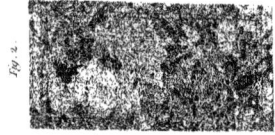

Fig. 2.

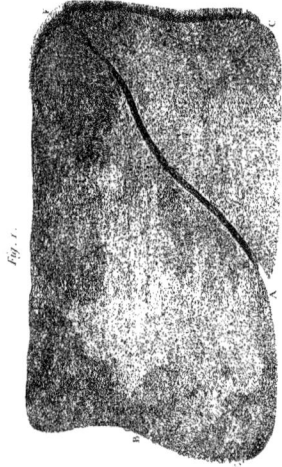

Fig. 1.

Pl. VII.

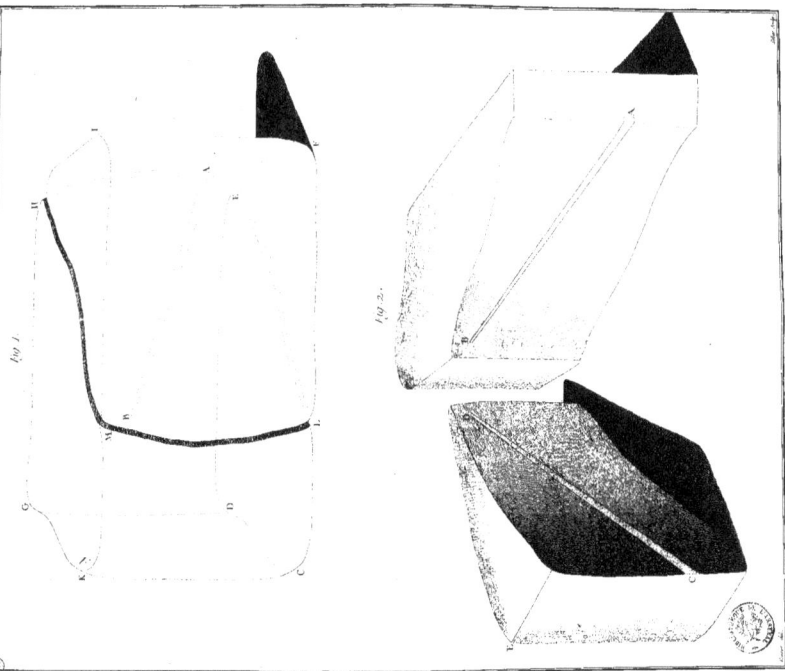

Fig. 1.

Fig. 2.

MONU.
DE
PIERRE
LE
GRAND